상대방의 마음을 읽어내는
심리의 기술

싱대빙의 마음을 읽어내는
심리의 기술

초 판 발행일 | 2006년 2월 30일
개정판 발행일 | 2012년 12월 10일
편저자 | 장이술
펴낸곳 | 간디서원
펴낸이 | 김강욱
등 록 | 제382-2010-000006호
주 소 | (156-814) 서울시 동작구 사당동 64-140
전 화 | (02)3477-7008 팩스 | (02)3477-7066
이메일 | gandhib@naver.com

ISBN 978-89-97533-06-0 03180

*잘못된 책은 구입처나 본사에서 바꾸어 드립니다.

상대방의 마음을 읽어내는
심리의 기술

장이슬 편저

간디서원

차 례

머리말 / 11

1. 눈은 인간의 본성을 판별하는 기준 / 17
시각은 '오감의 왕' · 18
시선을 교차하는 것은 커뮤니케이션을 원하는 증거 · 20
초면에 먼저 눈길을 돌리는 사람은 능동적 · 22
시선의 방향도 중요한 포인트 · 25
눈의 움직임이 상대방의 심리를 나타내는 수도 있다 · 26

2. 표정은 인간의 마음을 비추는 거울 / 31
인간은 자신의 감정을 직선적으로 표정에 드러내지는 않는다 · 32
눈과 입 주위를 특히 주목하라 · 33
감정을 억누르면 표정과 동작에 불균형이 생긴다 · 36
무표정은 무감정이 아니다 · 38
분노, 슬픔, 증오가 증폭되면 웃음과 기쁨의 표정이 되는 수가 있다 · 40
동양인의 웃음은 불가해한 것이 아니다 · 42

3. 신체로 인간을 안다 / 45
무의식적인 우열감은 인사방법 하나에도 나타난다 · 46
인사할 때의 거리는 그대로 심리적 거리를 나타낸다 · 48
악수할 때 땀이 느껴지면 상대방은 불안정한 상태에 있다 · 49
플레이보이의 격언 · 52

4. 모든 것을 허락한 남녀는 테이블을 사이에 두고 앉지 않는다 / 57

'가만히 앉아 있는 모습'만으로도 인간의 심리가 드러난다 · 58
'보디 존'이란? · 59
앉음새의 관찰에는 3가지 요소가 있다 · 61
심미적 거리를 무시하는 데에는 위압과 유혹의 함정이 있다 · 63
모든 것을 허락한 남녀는 테이블을 사이에 두고 앉지 않는다 · 64
방 안쪽에 앉고 싶어 하는 사람은 권력지향성이 강하다 · 68
깊숙이 앉는 사자형, 얕게 앉는 얼룩말형 · 69

5. 손발의 움직임은 자신을 위무하는 나르시시즘 / 73

표정을 감추려고 해도 상대방의 심리는 손발의 움직임에 나타난다 · 74
무의식 중에 표출되는 상대방의 심리 · 76
팔짱을 끼는 동작은 거절의 자세 · 77
생각에 잠기면 손이 움직인다 · 80
다리의 움직임은 손보다 단순하다 · 81

6. 버릇에도 욕구와 감정이 담겨져 있다 / 85

버릇을 분석하여 상대방의 심리를 파악한 프로이드 · 86
버릇에는 성적 욕구, 적의, 반항심, 반사회적 욕구가 감춰져 있다 · 88
버릇은 언제쯤 표출되는가? · 90
이야기할 때 입을 손으로 가리는 버릇이 있는 여성은 상대방을 자기에게 이끌려 하고 있다 · 91
버릇은 욕구 불만이 오랫동안 남아 있다가 관성화된 것이다 · 94

7. 옷은 인간의 개성을 표현한다 / 99
옷은 '자아'의 연장 · 100
미국의 카터 대통령은 왜 청바지를 입었는가? · 102
화려한 옷과 수수한 옷이 나타내는 상대방의 심리 · 104
옷을 입는 기호가 갑자기 바뀌면 요주의 · 105

8. 말은 본성을 나타낸다 / 109
사람의 본성이 드러내는 5대 용어 · 110
이야기 도중에 나타나는 '나'에는 무엇이 감춰져 있는가? · 111
권위 주의자가 좋아하는 유명인의 '후광효과' · 113
지나친 경어는 상대방에 대한 경계심을 나타낸다 · 115
'그렇지만…'을 빈번히 사용함은 상대방에 대한 연막 · 118

9. 사람에게는 2가지 표정이 있다 / 121
말투에는 표정이 있다 · 122
이야기의 템포는 상대방의 심리를 읽는 중요한 열쇠 · 124
톤과 억양을 통해서도 상대방의 심리를 알 수 있다 · 126
말투의 리듬으로 상대방의 심리를 읽는다 · 127
듣는 태도로 알아보는 상대방의 심리 · 128

10. 자동차에 관한 화제는 왜 섹스로 연결되는가? / 133
화제가 화자 자신과 그 주변을 어떻게 커버하는가? · 134
상대방에 관한 일을 시시콜콜 화제로 삼는 것은 지배욕의 표출 · 136
자동차에 관한 화제는 왜 섹스로 연결되는가? · 138

불평불만의 내용과 상대방의 심리가 꼭 일치하는 것은 아니다 · 140
직장에 적응하지 못한 중년사원은 옛 시절의 자랑거리에서 구원을
　찾는다 · 142
논리적 사고가 불가능한 사람의 화제는 맥락 없이 바뀐다 · 144
화제는 때로 콤플렉스를 가려주는 장막이 되기도 한다 · 146

11. 인간은 이성을 통해 자신의 모자라는 부분을 채운다 / 151

사람은 자신의 '모자라는 부분'을 찾는다 · 150
왈가닥 여성이 좋아하는 남성은? · 152
적령기를 놓치는 남성은? · 154
이성관계에서 나타나는 3가지 전형적 타입 · 155
호색을 가장하는 성(性) 콤플렉스도 있다 · 157

12. 술버릇이 나쁜 사람은 욕구불만이나 마음의 상처를 가지고 있다 / 161

특정한 무엇에 대한 집착에는 욕구불만이나 마음의 상처가 감춰져
　있다 · 162
'술자리의 깡패'가 평소엔 착실한 사원 · 165
술을 빨리 마시는 사람은 먼저 취함으로써 소심함을 커버한다 · 167

13. 한 가지 일에 맹목적으로 집착하는 것은 일종의 현실도피 / 171

사람은 일, 가정, 여가활동으로 생활의 균형을 취한다 · 172

취미에 열중하는 것은 일종의 '현실도피' · 174
취미가 스포츠인 사람은 정신적으로 안정되어 있다 · 176

14. 자기만의 세계를 갖고 있는 사람은 자신의 불만을 위로하는 것이다 / 181

인간은 애완동물을 통하여 다양한 바람을 나타낸다 · 182
어떤 종류의 개를 좋아하느냐로 상대방의 성격을 파악할 수 있다 · 184
자신의 수집품을 자랑삼아 내보이는 사람의 심리 · 186

15. 지나치게 엄격한 교육은 결벽증을 낳는다 / 191

기업에서 꺼리는 장남 · 192
집단생활에 약한 외동 · 193
부지불식간에 고개를 내미는 유아체험 · 196

16. 돈은 욕망충족의 메커니즘 / 201

돈 씀씀이를 보면 그 사람의 욕망의 메커니즘을 알 수 있다 · 202
남편이 바람을 피운다는 사실을 알게 된 부인이 충동구매를 하는 이유는? · 202
끼니를 거르면서도 취미에 돈을 쏟아 붓는 사람의 심리 · 206
현금만을 신용하는 사람은 내향적인 분열질 · 207

17. 일은 삶의 양식 / 211

실패에 대한 반응으로 상대방의 성격을 알 수 있다 · 212
현실로의 도피가 일상적으로 정착된 '일 중독현상' · 215

자신의 무능을 감추기 위한 '바쁜 척' · 217

18. 실수는 무심코 일어나는 것이 아니라 무의식적인 바람과 의식의 갈등이다 / 223

실수는 '무심코' 저지르는 것이 아니다 · 224
실수는 무의식적인 바람과 그것을 극복하고자 하는 의식의 갈등에서 비롯되는 경우가 많다 · 226
상대방이 말의 실수를 정정할 때 본심을 읽을 수 있는 기회 · 228
잘못 듣기, 잘못 읽기, 잘못 쓰기, 잊어버리기를 통해 진심을 읽는다 · 229

19. 게임은 인생의 축소판이다 / 233

게임은 상대방의 '심리 실험장'이다 · 234
위기에 몰렸을 때 5가지 인간형 · 236
승부를 실력으로 보는가, 운으로 보는가? · 238

20. 얼굴이 보이지 않아도 나타나는 심리 / 243

얼굴이 보이지 않기 때문에 드러나는 뜻밖의 '참 얼굴' · 244
필적 타입에 의한 성격판별법 · 245
산문형 문장은 객관적 사고의 타입을 드러낸다 · 247
전화광은 조울질이다 · 248

머리말

인간의 마음에는 무의식적으로 감춰진 부분이 있다.
인간은 누구나 마음 깊숙한 곳을 쉽게 남에게 드러내 보이지 않는 법이다. 표면을 장식하고 감추고 몇 겹으로 감싸서 상대방이 알지 못하도록 하는 것이 보통이다.
더구나 마음 밑바닥에 있는 것이 격심한 열등감이거나 강렬한 의혹일 경우엔 그 경향이 한층 더하다. 이렇게 표면만을 보고 판단해서는 실수하기가 쉽다. 이렇듯 우리의 일상생활에서는 남의 마음속을 간파해야 할 경우가 종종 있다.
그러나 거기에는 더욱 어려운 문제가 가로 놓여 있다 그것은 인간의 마음 저 깊은 곳이 단순히 의식적으로 감춰져 있는 경우뿐 아니라, 본인 스스로 의식하지 못하는 경우가 종종 있다.
즉, 의식적으로 연극을 하지 않더라도 마음 깊숙한 곳에는 무의식적으로 감춰진 부분이 존재한다는 것이다.

인간의 마음은 특히, 연극 무대나 빙산에 비유할 수 있다. 조명이 비치는 부분을 의식의 초점이라고 한다면, 그 배후에는 빛이 닿지 않는 어두컴컴한 공간(반의식半意識)이 있으며 이것이 다시 너저분한 무대 뒤(무의식 세계)와 연결되어 있다.

또한, 빙산인 경우도 이와 마찬가지로 수면 위로 보이는 의식된 부분은 정신 전체의 극히 일부분일 뿐, 몇 배나 되는 무의식의 부분이 물 속 깊이 모습을 감추고 있는 것이다.

어느 쪽이든 인간의 마음은, 이와 같이 자신도 의식하지 못하는 암흑의 측면을 가지고 있다. 이 암흑의 측면에 메스를 가하지 않는 한 상대방의 마음을 진실로 이해할 수가 없다.

내가 이 책에서 상대방의 심리를 읽는 법에 대해 생각해 보려는 것은 그 메스를 휘둘러 상대방인 인간을 보다 깊이, 그리고 보다 철저히 이해하려는데 그 목적이 있다.

그 구체적인 테크닉에 대해서는 본론에 들어가 서서히 밝히기로 하고, 여기서는 그 구체적인 테크닉을 가능하게 하는 상대방의 심리의 기본구조와 심리술의 원리에 대해 간단히 설명해 보기로 하겠다.

상대방의 심리를 이해하기 위하여 우선, 알아두어야 할 것은 '억압(抑壓)'의 메커니즘이다.

가령, 당신이 도덕적인 면에서 절대로 사랑해선 안 될 사람에게 은밀한 애정을 품고 있는 경우, 당신의 마음에는 반드시 '억압'이 발생하게 된다. 그와 같은 사회적 관습이나 도덕, 현저히 배치되는 욕구나 감정은 당신 자신의 인격안정을 위협하는 존재이기 때문이다.

이 경우 '억압'은 당신의 의식적인 노력 없이 자동적으로 움직이는 메커니즘이어서, 당신은 어쩔 수 없는 반도덕적인 욕구와 감정을 무의식의 세계로 추방한다.

그리하여 원래부터 이런 것이 존재하지 않았던 것처럼 느낄 수 있게 된다.

내가 이 책에서 밝히고자 하는 상대방의 심리의 대부분은 '억압'에 의해 발생되는 마음의 그늘인 무의식의 세계인 것이다.

그리하여 억압에 의해 발생되는 상대방의 심리의 세계는 참으로 지저분한 욕구와 감정이 소용돌이 치고 있다. 때로 그것은 근친상간 같은 추악한 변태성욕일 수도 있고, 살인의도를 품은 격렬한 증오나 감정일 수도 있다.

일반적으로 억압 받기 쉬운 경향에 있는 것으로 ① 성욕(특히 변태성욕), ② 공격적 경향(특히 반사회적인), ③ 유아적 욕구나 감정, ④ 고통을 수반한 기억(정신적 외상外傷이라 할 수 있는 고통스런 기억이나 열등감 등) 등을 들 수가 있다.

이렇게 상대방의 심리의 세계로 숨어버린 욕구나 감정은, 시간이 지남에 따라 그대로 사라져 버리는 것은 아니다. 억압이란 냄새나는 물건에 뚜껑을 덮은 것일 뿐, 냄새나는 물건 자체가 없어진 것이 아니기 때문이다.

이렇듯 상대방의 심리의 세계는 억압된 추악한 욕구와 감정이 얽혀 북적대는 실로 다이내믹한 세계이다. 이 다이내믹한 힘이 때에 따라 억압의 벽을 뚫고 의식의 세계로 얼굴을 내밀려 한다.

그것은 마치 가마솥 안에서 끓고 있던 것이 무거운 뚜껑을 밀어 올리며 바깥으로 나오려고 하는 것과 같다. 이 경우 억압이 상대적으로 강하거나 반대로, 끓는 위력이 약하면 솥뚜껑을 밀어 올리기까지는 못할 것이다.

그러나 그런 경우라도 증기가 샌다거나 뚜껑이 움직인다거나 하는 어떤 변화가 있게 마련이다. 그 작은 변화를 주시하면 솥 안의 상태가 어떤지를 대충이나마 짐작할 수 있다.

심리술의 원리는 바로 이런 것이다. 즉 사람의 언동, 행동, 동작 등 바깥에 나타난 작은 변화를 놓치지 않고, 그것을 바탕으로 상대방의 마음 저 깊은 곳을 들여다보는 기술인 것이다.

그런데 심리술을 배울 때 또 한 가지 이해하지 않으면 안 될 것이 있는데, 그것은 욕구불만(프러스트레이션: frustration)과 갈등(컨플릭트: conflict)의 심리에 대한 것이다.

인간은 누구나 자신이 품고 있는 모든 욕구를 만족시킬 수 있다면 아무런 고민이나 억압도 일어나지 않을 것이다. 그것이 만족되지 않는 데서 여러 가지 문제가 일어나는 것이다.

가령, 당신이 좋아하는 여성이 자꾸 당신의 사랑을 거절한다. 당신의 상사는 당신의 실력을 인정하지 많고 당신이 볼 때 무능한 후배를 당신 위로 발탁한다. 의사가 되고 싶은 당신의 강한 희망을 입시 벽이 냉혹히 거절한다. 그 때문에 당신의 자존심이 크게 손상되어 삶의 의욕을 잃게 된다.

이런 일은 우리 주변에서 늘 일어나는 흔한 일들이다.

이러한 욕구불만의 상태가 발생했을 때 사람은 다양한 방법으로 반응한다. 어떤 사람은 욕구불만을 일으킨 장애를 적극적으로 극복하여 욕구를 만족시키려고 할 것이다 또 어떤 사람은 그 장애를 일단

피하고 우회하여 목표에 도달하려고 할 것이다.

마찬가지로, 어떤 사람은 처음 욕구를 다른 욕구로 대체하여 보상적 만족을 도모하려 들지도 모르며, 다른 사람은 욕구를 억눌러 일시적으로 연기하던가 완전히 포기해 버릴지도 모른다.

또 다른 관점에서 본다면, 욕구불만에 대해 어떤 사람은 그것이 외부의 원인에서 비롯된 것이라는 생각에서 공격적인 경향을 띨 것이며, 어떤 사람은 모든 것을 자신의 책임이라고 생각해서 심한 열등감이나 자기혐오에 빠질 것이다.

예를 들어, 똑같이 실연을 당한 사람이라도 어떤 사람은 상대방이 방해했다고 생각해서 그에게 공격을 가하려 할 것이며, 어떤 사람은 자신에게 매력이 없다고 생각해서 포기해 버리고 열등감에 빠져들게 되는 것이다.

욕구불만이나 갈등에 대한 반응 태도를 보고서도 상대방의 심리를 읽을 수도 있다. 이러한 반응 방법은 바로 다름 아닌 그 사람의 퍼스낼리티(성격)이며, 이것이 상대방을 이해하는데 있어서 본질적인 요점인 것이다.

욕구불만과 마찬가지로 인생에는 다양한 갈등상황이 존재한다. 왼쪽이냐 오른쪽이냐를 판단하기 어려운 경우 일일이 예를 들 것도 없을 것이다.

다만, 그것이 목숨과 관련되거나 사회적 파국과 연결되는 경우라면 어느 길을 택할 것인가는 심각한 문제가 된다. 때에 따라서는 좌우 어느 쪽도 결정짓지 못하고, 소위 전자반응을 보이다가 마침내는 신경증에 빠지고 마는 경우조차 있다.

이와 같이 욕구불만과 마찬가지로 갈등에 어떻게 대처해 나가는가도 그 사람의 본질을 이해하는데 중요한 부분을 형성한다.

우리가 상대방을 깊이 이해하려고 할 때, 그 사람이 가지고 태어난 기질에 대해서 아는 것만으로는 불충분하며 그 사람이 욕구불만이나 갈등에 대하여 어떻게 대처해 나가는가, 거기에서 자연스럽게 드러나는 그 사람의 심리부분에도 조명을 갖고 있어야만 한다.

이상, 서술한 상대방의 심리의 원리와 구조를 바탕으로 하여 앞으로 본문에서 이야기하는 구체적인 테크닉을 구사한다면, 이제까지 측량할 수 없었던 상대방의 마음 저 깊숙한 곳이 환하게 드러나게 될 것이다.

1

눈은 인간의 본성을 판별하는 기준

시각은 '오감의 왕'

인간은 시각동물이라고도 한다. 그것은 생물 가운데 인간만큼 색을 식별할 수 있는 동물이 원숭이뿐이라는 사실로서도 증명된다.
아닌 게 아니라, 의학적으로 봐도 눈은 인간의 오감(五感) 가운데 가장 예민하여 감각영역의 약 70% 이상을 차지한다. 다른 감각기관은 눈에 비하면 아주 작은 기능밖에 갖지 못하고 있다 해도 과언이 아니다.
가령, 음식 맛 하나를 봐도 우리는 결코 미각에만 의존하지 않는다. 요리의 색과 재료의 배치와 진열방법 등 모든 시각적 요소가 맛을 크게 좌우한다. 이들은 모두 시각을 통해서 우리의 심리에 상당한 영향을 미친다.
캄캄한 방에서 식사를 해보면 알 수 있다. 비록 그것이 어떤 음식인지 알고 있어도 여러 불안이 앞서 음식 맛을 볼 기분이 들지 않으며 맛도 반감되고 만다.
일류 요정이나 레스토랑이 요리의 재료 배치나 그릇, 하다못해 인테리어나 조명에까지 신경을 쓰는 것은 그러한 심리를 알고 있기 때문이다.
이와 같이 시각은 '오감의 왕'으로서 다른 감각까지 지배한다. 그리스 신화에 3자매 괴물 가운데 하나인 메두사의 눈길과 마주치면 사람이 그 자리에서 돌로 변하는 이야기가 있다.

　이것은 눈의 위력을 신화화한 것이라 할 수 있다. 따라서 눈 안에 인간의 본심이 나타난다고 생각하는 것도 무리가 아니다.

　눈은 마음의 창이라는 말도 있거니와, 맹자는 『이루상편(離婁上篇)』이라는 책에서 인심의 선악을 판별하는 기준은 눈이라면서 다음과 같이 말하고 있다.

　"사람을 판단하는 데 눈동자보다 좋은 것은 없다. 눈동자는 그 악을 감추지 못한다. 마음이 바르면 눈동자가 또렷하고 마음이 바르지 못하면 눈동자가 어지럽다."

　눈의 맑고 흐림도 물론 중요하다. 자다 만 것 같은 눈빛을 한 사람은 우둔해 보이고 눈동자가 생기 있게 빛나면 지적이고 현명한 인상을 준다. 그러나 그때그때의 마음의 움직임을 간파하는데 도움이 되는 것은 눈의 맑고 흐림보다 시선의 움직임이다.

　상대방의 심리 안에 있는 욕구와 감정은 누가 뭐라고 해도 먼저 시선에 나타나는 법이다. 그런 까닭에 시선을 어떻게 읽느냐 하는 것이 사람과 사람사이의 커뮤니케이션을 원활히 하는 중요한 포인트가 되는 것이다.

시선도 다양한 관점에서 포착할 수 있다.
① 상대방이 나를 어떻게 보느냐의 여부가 문제다.
② 시선의 움직임. 지긋이 나를 보고 있는가, 아니면 얼른 스치듯이 시선이 지나가느냐에 따라 상대방의 심리상태가 다르다.
③ 시선의 방향. 똑바로 나를 응시하는가, 아니면 삐딱한 시선으로 노려보는가.
④ 시선의 위치. 위에서 내려다보듯이 하는가, 아니면 올려다보듯이 하는가 등등.
⑤ 시선의 집중도라는 것이 있다. 나를 찌를 듯이 응시하는가, 아니면 어디를 보는지 알 수 없는 멍한 시선인가? 각각이 의미하는 바가 당연히 다르다.

개괄적으로 말해서, 이 5가지 포인트를 체크하면 시선에 의해 상대방의 심리를 판단하는 것이 가능하다고 할 수 있다 그러면 이 5가지 포인트를 순서대로 하나씩 생각해 보기로 하자.

시선을 교차하는 것은 커뮤니케이션을 원하는 증거

첫 번째로 상대방이 나를 보고 있느냐의 여부 즉 시선의 있고 없음인데, 이것은 나에 대한 흥미나 친근감 또는 관심의 유무를 말해 준다.

상대방이 나를 전혀 보지 않을 때, 그것은 역시 나에 대해서 흥미와 관심과 친근감이 없는 것이라 생각할 수도 있다. 따라서 반대로 길거리 같은 곳에서 전혀 본 적도 없는 사람이 나를 쳐다보면 거의 열 사람이면 열 사람이 모두 초조해지거나 상황에 따라 공포감마저 느끼게 된다.

또 서로 모르는 사람끼리 우연히 시선이 마주쳤을 때, 채 1초도 안 되는 사이에 눈길을 피하게 되는 법이다. 이것은 인간은 누구나 오랫동안 시선을 받으면 마음속까지 들여다보이는 듯해서 프라이버시를 침해받는 느낌을 갖게 되기 때문이다.

버스 정류장이나 극장 입구에서 뒷사람에게 등을 돌리고 줄서는 것은, 단순히 앞으로 나아갈 준비를 하고 있기 때문만은 아니다. 모르는 사람과 시선이 교차하는 것을 피한다는 목적도 있는 것이다. 늘어선 줄 가운데 서로 마주한 사람은 친구나 부부나 부모, 자식 등의 친밀한 관계에 있는 사람들이 대부분이다.

이것은 상호간에 어느 정도 프라이버시를 침해하는 것을 암묵적으로 양해하고 있기 때문에, 때로 시선을 마주치며 커뮤니케이션하고 있는 것이다. 이러한 사실에서, 일반적으로 모르는 사람끼리 서로 시선이 마주치면 모종의 커뮤니케이션을 원하고 있다는 결론을 도출할 수 있다.

다만, 여성인 경우엔 이것이 일반적인 해석이 될 수 없는 모양이다. 여성인 경우엔 오히려 자신이 생각하는 것을 상대방에게 전하고 싶지 않을 때, 상대방을 응시하는 행동 특성을 보일 경우가 많다는 것이다.

여기에 흥미 있는 연구결과를 소개해 보면, 심리학자 R. V. 엑스라인의 실험에서 1대 1 면접시 사전에 피험자한테 '진심을 감춰라'는 지시를 했더니, 면접자를 주시하는 비율이 남성의 경우는 내려가는데 여성은 오히려 올라간다는 사실이 밝혀졌다.

남성은 지시가 없을 때는 전체 면접시간의 66%를 상대방을 보는데 할애하는 반면 진심을 감추라는 지시가 있었을 때는 60%의 시간밖에 상대방을 주시하지 않았다. 그런데, 여성은 지시를 받은 69%로 올라갔던 것이다.

다방 같은 곳에서 마주앉은 여성이 지나치게 이쪽을 응시하면서 좀처럼 시선을 돌리지 않을 때는 '뭔가 감추고 있다'고 생각하는 것이 좋을지도 모른다. 겉으로 말하는 것과는 다른 것에 진의가 있다고 볼 수 있다.

초면에 먼저 눈길을 돌리는 사람은 능동적

두 번째로 시선의 움직임으로 상대방의 심리를 파악하는 방법인데, 예로부터 시선을 피하지 않고 이야기하는 사람은 성실하다는 말이 있다.

그러나 처음부터 끝까지 계속해서 응시하는 것은 아니다. 그래서 이야기를 할 때 어느 대목에서 이쪽을 응시하는가를 알면 그 사람의 의도가 쉽게 파악되는 경우가 있다.

　심리학자 A. 캔든은 인간이 대화 중에 언제 상대방에게 시선을 보내는가를 알아보는 실험을 한 적이 있다. 그 실험에 따르면 이야기의 처음과 끝 무렵에 그 빈도가 현저히 증가했다는 것이다.

　이야기를 시작할 때에는 이제부터 이야기하려는 것을 상대방에게 알려 주의를 끌고자 하기 때문이며, 이야기의 끝 무렵에는 얼마나 알아들었는가를 알고자 해서 주시하는 것이다. 이와 같이 시선 속에 상대방의 심리적인 움직임이 담겨 있는 것이다.

　반대로 시선을 돌릴 때는 어떤가? 일반적으로 초면일 때 먼저 시선을 돌리는 사람이 능동적인 성격이라고 한다. 또 대화 중에 상대방보다 우위에 서고자 하는 충동이 생기면 먼저 눈길을 돌리려고 한다.

　어느 평론가에 따르면, 상대방을 자기 페이스로 끌어들이느냐 못 끌어들이느냐는 처음 30초 만에 결정된다고 한다. 눈길이 마주쳤을 때 먼저 눈길을 돌리는 쪽이 승리자이기 때문이다.

　한편, 눈길을 놓친 쪽은 상대방의 기분이 어떤지 몰라 '뭔가 마음에 들지 않는 것이라도 있나? 또는 '날 싫어하는 건가?' 하며 신경이 쓰이게 되므로, 그 이후에는 시선에 마음을 빼앗겨 완전히 상대방의 페이스에 말려드는 것이다. 따라서 초면에 먼저 시선을 돌리면서 이야기를 하기 시작하는 공격적인 상대방에 대해서는 충분한 주의를 기울일 필요가 있다.

　다만 똑같이 시선을 돌리는 행위라도 남의 시선을 받고 돌리는 것은 또 다른 의미를 띤다. 일반적으로는 마음속에 쫓기는 것 또는 감추고 싶은 것이 있어서 그것을 들키지 않기 위함이라고 한다.

건축가 제임스 레논은 커다란 투명 패널에 찡그린 눈을 추상화한 그림을 그려서 그것을 몇 군데의 가게 앞에 걸어놓은 적이 있었다. 이렇게 함으로써 도난사건이 줄 것이라고 예상했는데, 그 예상이 멋지게 적중하여 그림을 걸어놓은 기간 동안에는 도난 발생률이 현저하게 격감했다고 한다.

비록 진짜 눈은 아니지만, 상대방의 시선을 의식하는 순간 수상한 생각을 품은 자가 가게 안에 들어가고 싶은 마음이 없어지고, 설사 들어갔다 해도 도둑질을 실행에 옮길 수가 없었던 것이리라.

시선의 방향도 중요한 포인트

세 번째로 시선의 방향과 관련하여 필자는 다음과 같은 경험을 갖고 있다.

어느 좌담회에서 나는 출석자 가운데 한 사람이 정면에 앉은 사람을 쳐다보지 않으려고 하는 낌새를 눈치 챘다. '분명히 뭔가 있다'고 짐작한 나는 마침 이야기가 지지부진하던 참에 그에게 물었다.

"지금 이 의견에 대해서 어떻게 생각하십니까?"

먼저 그 사람의 정면에 앉은 사람에게 발언을 하도록 하고 시선을 피하는 사람에게 어떻게 생각하느냐고 물었더니, 순간 맹렬한 반론이 시작되었다.

나중에 안 일이지만, 그 사람은 이전에 정면에 앉은 사내와 논쟁하다가 패한 경험이 있어 그 후 사이가 나빠졌다는 것이다. 그래서 내가 지명하자 '빚'을 갚는 셈으로 맹렬히 반론을 전개했던 것이다. 이것을 계기로 좌담회가 활기를 띠게 되었음은 물론이다.

그러나 이성에 대해서 시선을 한 번만 주고 일부러 눈길을 돌린 채 다시 보려고 하지 않는 것은 성적인 욕구가 강한 것을 나타내는 경우가 많다.

가령 전철이나 버스 안에서 아름다운 여성이 타면 거의 일제히 시선이 집중한다. 그러나 젊은 남성은 그대로 눈길을 다른 곳으로 돌린다. 상당한 관심을 가지고 있으면서도, 심리학에서 말하는 '억압'이 강하게 작용하여 자제하는 것이다.

관심이나 욕구가 더욱 강해지면 이번엔 곁눈질을 하게 된다. 상대방에 대해서 알고 싶지만, 자신의 관심을 상대방한테 들키고 싶지 않은 것이다. 자신이 보고 있다는 것을 눈치 채이지 않기 위해서 얼굴을 움직이지 않고 시선만 옆으로 보내는 것이다.

또한, 행동과학자 어빈 코프만 박사는 이렇게 말한다.

"힐끗 보고 시선을 내리는 것은 '당신을 믿는다. 두려워하지 않는다'는 신체언어라고 할 수 있다."

이와 같이 시선을 옆으로 돌리는 것이 아니라, 눈길을 내리깔았다가 뒤이어 다시 치켜 올려 쳐다보기를 반복하는 것은 존경과 신뢰의 표정인 것이다 특히, 여성이 남성을 이런 식으로 쳐다볼 때는 대충 '감'을 잡을 줄 알아야 한다.

눈의 움직임이 상대방의 심리를 나타내는 수도 있다

네 번째로 시선의 위치 즉, 시선이 발생되는 위치가 문제가 된다.

가령, 당신이 근무하는 회사의 광경을 떠올려보기 바란다. 또는 당신 자신에 대해서 생각해 봐도 좋을 것이다.

상사와 부하가 업무관계로 이야기를 할 때, 틀림없이 상사의 시선이 보다 높은 곳에서 발산될 것이다. 뿐만 아니라, 상사의 시선에는 아무런 주저도 없이 자신에 대해 직선적으로 응시해 온다. 반대로 부하는 별로 쫓기는 구석도 없는데, 괜히 시선의 발산점이 낮아지고, 게다가 그 강도마저 빈약해지기 쉽다.

이것은 일반적으로 지위가 높은 사람일수록 지위가 낮은 사람에 대해 위엄을 유지하고자 하는 상대방의 심리가 작용하기 때문이다. 다만, 예외도 있다. 그것은 지위의 높고 낮음과 관계없이 내성적인 사람일수록 시선을 피하는 수가 많다는 것이다.

미국의 비교심리학자 리처드 코스는 자폐증 정도가 심각한 아이들을 낯선 어른들과 만나게 하여 그 얼굴을 보는 시간의 길이를 측정하는 실험을 한 적이 있다.

어른이 눈을 가리고 있을 때와 눈이 보일 때를 비교한 결과, 어른의 눈이 가려져 있을 경우에 3배나 길게 응시했다고 한다. 그러나 시선이 마주치면 바로 눈길을 돌려버리는 것이다. 이러한 사실로 내향적인 사람은 상대방을 똑바로 쳐다보지 못하고 자꾸 시선을 돌린다는 것을 알 수 있다.

마지막으로 시선의 집중도와 관련된 문제다. 이것은 눈 그 자체의 움직임과도 밀접한 관련이 있다.

가령, TV토론회를 보면 종종 약점이 잡힐 때 눈을 좌우로 빠른 주기로 움직이는 사람을 볼 수 있다. 이것을 어떻게 반격할까 머리 속에서 생각이 어지럽게 전개되고 있다는 증거이다.

필사적으로 생각을 전개할 때, 이와 같은 시선의 움직임을 보이는 법이다. 또 긴장하고 있을 때나 불안이나 경계심이 있을 때도 시계를 가능한 한 넓게 잡아, 많은 정보를 받아들여 냉정함을 찾고자 하여 이와 같은 눈의 움직임을 보이는 수가 있다.

이야기를 하면서 상대방이 갑자기 눈길을 떨어뜨리는 수가 있는데, 이것은 눈의 자극을 차단하여 자신의 생각에 몰입하여 사고를 정리하려는 것이다. 그리고 사람에 따라서는 심사숙고 할 때 눈을 감는

다든지 먼 곳을 멍하니 바라보는 때가 있는데, 이것도 눈에 들어오는 자극을 최소화하려는 노력의 일환이다.

생각이 정리되고 또는 새로운 아이디어가 떠오르면 다시 눈의 움직임이 빨라진다. 규칙적으로 눈을 깜빡이기 시작하는 것이다. 이것은 의식이 전환점에 달했음을 나타내며, 얼마 후 입이 열리고 말이 튀어나올 것이라는 신호이기도 하다.

이와 같이 시선에 주목하면 상대방의 마음을 놀랠 만큼 쉽게 간파할 수 있는 것이다. 눈은 입만큼이나 많은 이야기를 한다는 말이 있는 것처럼, 시선판독에 숙달하면 입보다도 훨씬 많은 '심층정보'를 획득할 수 있다.

시선으로 알 수 있는 상대방 마음 11가지

1. 상대방을 너무 오랫동안 응시하며 시선을 돌리지 않는 여성은, 무엇인가를 감추고 있다.
2. 이야기 도중에 상대방에게 시선을 집중하는 것은, 그 이야기가 자신이 강조하고 싶은 것을 이해해 주었으면 좋겠다는 표시이다.
3. 상대방의 시선을 느낀 순간 눈길을 돌리려고 하는 것은, 마음속에 뭔가 열등감이나 약점이 있는 경우가 많다.
4. 상대방을 곁눈질하는 것은, 강한 관심을 갖고 있음에도 그것이 알려지는 것을 원치 않는 경우이다.
5. 상대방을 올려보는 것은 상대방에 대해서 존경과 신뢰를 품고 있다는 표시이다.
6. 상대방을 내려다보는 것은 상대방에 대해서 위엄을 유지하고자 하는 욕구의 표현이다.
7. 시선을 상대방에게 집중하지 못하고 바로 피하는 사람은, 내향적인 성격일 경우가 많다.
8. 시선이 좌우로 심하게 움직이는 것은 사고가 복잡하게 전개되고 있다는 표시이다.
9. 시계를 가능한 한 넓히기 위해 시선의 방향을 심하게 변화하는 것은, 모종의 불안이나 경계심을 품고 있다는 증거이다.
10. 이야기 도중에 갑자기 시선을 아래로 향하는 것은, 자신의 사고에 몰입하여 생각을 정리해 보고 싶다는 표시이다.
11. 시선이 심하게 움직임에도 불구하고 규칙적으로 눈을 깜빡이는 것은, 사고가 어느 정도 정리되었다는 표시이다.

2

표정은 인간의 마음을 비추는 거울

인간은 자신의 감정을 직선적으로 표정에 드러내지 않는다

　인간 키포인트의 미묘한 움직임이 종종 얼굴표정에 나타남은 누구나 경험하는 일이다.
　뭔가 기쁜 일이 있으면 자연히 볼의 근육이 풀어지고, 슬픈 일이 있으면 금세라도 눈물이 떨어질 듯한 얼굴이 된다. 말보다도 표정이 훨씬 뚜렷하게 마음의 움직임을 전하는 경우조차 있지만, 표정을 통해서 상대방의 마음을 간파하기란 그리 쉽지 않다.
　미국의 키포인트학자 언스트 G. 바이어라는 사람이 몇 사람에게 분노, 공포, 유혹, 무관심, 행복, 슬픔 등의 6가지 감정을 표현하도록 하고 그것을 비디오테이프에 담아 많은 사람들에게 보이는 실험을 한 적이 있다.
　어느 표정이 어느 감정을 표현하고 있는지를 맞추도록 한 것인데, 실제로 비디오테이프로 이 표정을 본 사람들은 표현한 사람들의 의도와는 달리 6가지 감정 가운데 평균 2가지 밖에 판별하지 못했다고 한다.
　즉, 표현하는 자가 화내는 표정을 지었어도 받아들이는 측의 눈에는 그것이 슬퍼하는 것으로 밖에 보이지 않는 착오가 발생했던 것이다. 게다가 문제를 더욱 복잡하게 하는 것은, 인간에게는 그러한 마음의 움직임을 남에게 들키지 않기 위해서 표정에 그대로 나타내지 않을 수 있는 능력도 있다.

겉말과 본심이라는 대비가 종종 언어에 대해 언급되는 것처럼, 표정에 관해서도 겉 표정만 그럴 뿐 내심은 다른 곳에 있는 경우를 종종 경험할 수 있다.

상담 중에도 거래 상대가 싱글거리며 이쪽 이야기를 들으며 꽤나 밝은 표정을 짓고 있어서 교섭이 잘 될 모양이라고 안심하고 있었는데 깨끗이 거절당하는 수도 있다.

"잘 알았습니다. 대단히 좋은 말씀입니다만, 이번엔 사양하겠습니다."

물론, 나는 예로부터 일컬어지는 '표정은 인간의 마음을 비추는 거울'이라는 말을 부정하려는 것이 아니다. 직선적인 감정표현을 표정으로 간파하지 못하거나 작위적으로 만들어진 표정 때문에 감춰진 본심을 간파하지 못하는 것은 심리술에 익숙하지 못하기 때문이라는 점을 말하고 싶을 뿐이다.

따라서, 우리는 먼저 직선적인 감정을 표정에서 정확히 간파하는 훈련부터 시작할 필요가 있다

눈과 입 주위를 특히 주목하라

먼저, 단서가 되는 것은 얼굴근육의 변화이다.

안면근육의 분포상태를 보게 되면, 다른 신체의 각 부분에 비해 고도로 발달하여 감정의 변화에 따라 얼굴근육이 변화한다는 것이 생리학적으로도 이미 확인되어 있다.

인간은 특히, 눈과 입 주위의 근육발달이 현저하다. 또한, 대뇌피질의 운동영역을 조사해 봐도 얼굴과 손을 움직이는 영역이 다른 부분에 비해 훨씬 많다.

그리하여, 많은 생리학자와 심리학자들은 움직임이 어떠한 안면근육의 변화로 나타나는가를 실험으로 확인하려는 시도를 했다.

프랑스의 심리학자 B. 뒤센은, 안면근육에 전기자극을 주어 인위적으로 표정운동을 일으키고 이것을 검은 점으로 나타내 표정과 근육운동 사이의 상관관계를 조사한 바 있다.

아울러, 얼굴근육에 깨알을 붙이는 등의 방법으로 근육의 움직임을 법칙화하려고 시도한 학자도 있었다.

이와 같은 실험결과를 기다릴 것도 없이, 어떤 감정에 따라 나타나는 표정의 변화를 주의 깊게 관찰하면 감정표출이 안면근육의 움직임과 대응한다는 것을 쉽게 이해할 수 있다.

가령, 유쾌한 표정일 때는 볼이 올라가고 불쾌한 표정을 지으면 볼이 내려간다. 입 끝이 뒤로 당겨지는 것이 유쾌할 때이고, 입 끝이 내려가면 불쾌한 표정이 된다.

이와 같이 유·불쾌의 감정과 근육의 변화를 기본으로 하여 표정이 만들어지는 것이다. 다음으로 슬픔(고통), 분노, 두려움(놀람), 기쁨, 혐오 등 인간의 대표적인 감정이 얼굴 각 부분의 어떤 근육변화로 나타나는가를 살펴보기로 하자.

당신은 다음 페이지에 실린 표를 보고 A에서 E까지의 어느 '행'이 어느 감정의 표출인지 알 수 있겠는가? 정답은 왼쪽부터 기쁨, 분노, 슬픔, 두려움, 혐오이다.

표정을 알아맞추는 테스트

각부의 움직임	A	B	C	D	E
이마와 눈썹	평정	좌우의 눈썹 앞부분이 올라가서 여덟팔자 모양의 주름이 생기며 눈썹 사이와 이마에도 주름이 생긴다	좌우 눈썹의 앞부분이 내려가 미간에 V자 모양의 주름이 생긴다	눈썹이 올라가며 놀랐을 때 이마에 주름이 생긴다	미간에 가늘게 주름이 잡힌다
눈	미간에 가늘게 주름이 잡힌다	커진다	일부 또는 완전히 감긴다	커진다	보통 가늘어지고 안구의 움직임을 동반한다
코	정상	콧방울이 확대된다	가늘어지며 약간 긴 듯하게 된다	콧방울이 확대된다	위로 올라가 콧잔등에 주름이 잡힌다. 콧방울이 옆으로 벌어진다
입	입이 벌어지고 웃니가 노출된다	옆으로 길게 벌어지며 아랫니가 보인다	벌어지며 비뚤어진다	벌어지며 특히 심할 때는 벌린 채로 있다	약간 올라간다
입술	끝이 뒤로 당겨진다. 웃입술이 위로 올라간다	끝이 내려가고 아랫입술에 힘이 들어간다	끝이 내려가고 아랫입술이 떨린다	끝이 약간 내려간다	끝이 내려가고 아랫입술이 앞으로 나온다
턱	밑으로 처지고 떨린다	힘있게 앞으로 내민다	밑으로 처진다	고정된다	올라간다

만일, 모두 맞췄다면 당신은 표정을 통해서 상대방의 마음을 간파하는 심리술의 첫걸음을 졸업한 셈이다. 그리고 표정을 통해서 감정을 간파하는데 실패한 것은 아마 안면 일부의 변화에만 주목했기 때문일 것이다.

만일, 당신이 아직 표정에 의한 심리술을 마스터하지 않은 상태라면, TV의 음성을 죽이고 화면에 신경을 집중하여 배우의 표정만으로 마음의 움직임을 간파하는 훈련을 해보는 것도 좋을 것이다.

나도 이따금씩 하는 것으로, 명배우가 등장하는 장면에서는 인물의 표정이 갑자기 생기를 띠어서 음성이 없다는 것을 잊을 때가 있다. 좋은 배우와 나쁜 배우의 구별이 확실해지는 것은 이럴 때이다. 물론 풍부한 표정을 지으며 '얼굴로 말하는' 쪽이 좋은 배우이며, 나쁜 배우는 입만 달싹거릴 뿐 표정이 죽어 있는 것이다.

내가 아는 어느 유명한 광고기획자도 아이디어를 생각할 때는 소리를 죽인 TV앞에서 긴 시간 앉아 있는 버릇이 있다고 한다. 손과 발의 움직임과 표정의 변화를 쫓다보면, 인간의 깊은 의식내부에 들어가 일상에선 볼 수 없는 마음의 미세한 움직임이 눈에 들어오게 되는데, 그것이 참신한 아이디어를 떠올리게 되는 계기가 마련되는 셈이다.

감정을 억누르면 표정과 동작에 불균형이 생긴다

다음으로 상대방이 자신의 감정을 억누르며 억지로 무표정을 가장하거나 작위적인 표정을 짓는 경우, 어떻게 그 표정 밑에 숨어 있는 것을 탐지해 낼 것인가에 관해서 이야기해 보겠다.

이 방법은 표정에 의한 심리술의 제2단계라고 할 수 있다.

어느 백과사전 외판원에게 들은 이야기인데, 예상 고객에게 견본을 건네고 그가 잠자코 책을 들여다볼 때가 바로 '승부의 순간'이라는 것이다. 그때 멍하니 방안의 이곳저곳을 둘러보는 세일즈맨은 낙제이고, 베테랑 세일즈맨일수록 고객의 얼굴을 응시한다고 한다.

고객 앞에 앉기보다는 비스듬히 옆에 앉는 것이 좋다. 사람의 옆얼굴이 근육의 변화가 잘 보이기 때문이다. 견본을 보면서 고객의 머리는 대개 살 것인가, 말 것인가 하는 판단을 하게 된다. 그 마음이 무표정하게 보이는 얼굴 위로 나타나게 마련이라는 것이다.

즉, 감정은 표정 밑에서 점점 확대되어 마치 풍선을 불 때처럼 서서히 긴박감을 더해간다. 풍선 위에 쓴 선전문구나 그림이 그때마다 더욱 선명하게 드러나는 것처럼, 표정에도 억눌려 있는 감정의 표시가 반드시 나타나게 마련이다.

그것은 직선적인 감정표출의 경우와는 다른 안면근육의 움직임이 되어 나타나는 수도 있고, 몸의 다른 부분의 움직임이 되어서 나타나는 수도 있다. 어느 경우이든, 그것은 상당한 고통을 수반하는 작업인 만큼 그 표정과 동작에 보통 때와는 달리 불균형적인 형상이 되어 나타난다.

미국의 피에로(어릿광대) 양성학교 교과목의 하나는, 마음속에 있는 감정을 분출시키면서 얼굴에는 그 감정과 전혀 다른 표정을 짓는 단련법이 있다고 한다.

가령, 맹렬히 분노의 감정을 터뜨리면서 얼굴은 반대로 웃는 것이다. 이렇게 감정을 자유자재로 조종하는 연습을 하는 것인데, 해마다 2~3명은 중도에 노이로제에 걸린다고 한다.

이것을 보더라도 감정과 다른 표정을 짓는다는 것이 인간에게 얼마나 어려운 일인가를 알 수 있을 것이다. 이런 엄격한 수련을 거친 피에로들은, 외견상 쉽게 감정과 다른 표정을 지음으로써 관객의 웃음과 동정심을 유발해 내는 것이다.

무표정은 무감정이 아니다

우리가 자주 접하게 되는 것이, 무슨 소리를 들어도 무엇을 봐도 억지로 감정을 억누른 듯이 표정이 변치 않는 무표정이다.

사람들은 내게 이런 표정과 낯낙뜨리면 당황하는데, 무표정은 결코 무감정을 드러내는 것이 아니다. 마음의 움직임에 따라서 얼굴근육이 변하지 않는 것은 부자연스러운 것으로서, 무표정이야말로 그런 감정을 무엇보다도 잘 말해 주는 것이다.

예를 들어, 상사에게 반항적인 사원이 일부러 이런 표정을 짓는 수가 있다. 그러나 아무리 감정을 억눌렀다 해도 마음속에 들끓는 불만을 억지로 참고 있는 것이므로, 자세히 관찰해 보면 얼굴이 어딘지 모르게 뻣뻣하게 굳어 있음을 간파할 수 있다.

나는 이것을 '데드마스크 증상'이라 부르는데, 이 데드마스크에는 한편으로 무슨 소리를 들어도 무표정으로 일관함으로써, 마음속의 불만이나 반항의 감정을 알아달라는 욕구가 상대방의 심리에 있음

또한 간과해서는 안될 것이다.

　이것이 더욱 긴박감을 더하면 눈을 깜빡이고 콧잔등에 주름이 잡히고, 심지어는 얼굴에 경련이 일어나는 경우까지 있다.

　이런 현상들을 '틱'이라 부르는데 상대방의 얼굴에서 이런 '틱' 현상이 발견되면 상대방의 심리에 무표정과는 반대로 불만이나 콤플렉스가 자리 잡고 있다고 봐도 틀림없다

　"왜 그렇게 뺨을 씰룩거리는 거야? 불만 있으면 말해 보라고!"

　이와 같이 상대방에게 그것을 직접 지적하는 것은 현명치 못한 것이다. 비즈니스맨인 경우, 창백한 표정으로 얼굴을 씰룩이는 부하에게 상사가 핀잔을 주는 것은 간신히 억누르고 있는 부하의 감정에 불을 붙이는 격이다.

　데드마스크 증상이나 틱은 상하관계를 어떻게 해서든지 유지하고자 하는 노력의 일환이므로, 그런 경우에는 아무 말도 하지 말고 다른 기회에 자연스럽게 마음의 문을 열고 이야기를 나누면 점차 부하의 무표정이 사라질 수 있을 것이다.

　같은 무표정이라도 극단적인 무관심이나 무시를 나타내는 표정이 있다. 이쪽이 열심히 이야기하고 있는데, 엉뚱한 쪽을 보고 있다든지 멍하니 이쪽을 보고 있는 눈동자와 마주쳐서 어찌할 바를 모르고 당황했던 경험은 누구나 한번쯤 있을 것이다.

　실은 이 무시나 무관심의 표정은 호의와 애정의 표현일 경우가 종종 있다. 특히, 여성인 경우엔 지나치게 노골적으로 호의를 표현하기를 꺼려 전혀 반대의 표정을 짓고 만다. 진짜 기분을 다른 사람한테는 알리고 싶지는 않지만, 상대방에게만은 알리고 싶다는 딜레마에 빠

진 결과이다.

따라서 이런 경우엔 아무리 상대방이 자신한테 무관심한 표정을 짓더라도 액면 그대로 받아들이지 말고, 이쪽에서 충분한 관심을 갖고 있다는 것을 알리는 것이 제일 좋은 방법이다.

분노, 슬픔, 증오가 증폭되면 웃음과 기쁨의 표정이 되는 수가 있다

"얼굴로 웃으며, 마음으로 운다."

한편, 무표정과는 달리 마음속의 감정과는 정반대로 표정을 짓는 일이 있다. 가령, 적의를 품고 있으면서도 얼굴은 생글생글 웃는 경우이다.

이것은 자신이 품고 있는 욕구를 그대로 표출하는 것이 반사회적이어서, 만일 그런 짓을 했다가는 사람들로부터 무슨 소리를 들을지 모르고 또 버림받을지도 모른다고 자아가 판단했기 때문에 일어나는 현상이다.

말하자면, 사회적인 제재를 받을까봐 두려워서 무의식중에 자신을 방어하려는 것으로, 프로이드는 이것을 '방어기제(防禦機制)'라 부르고 있다. 그 방어방법이 진짜 욕구와는 반대로 표출되어 표정에 나타나는 것이다.

당연한 이야기이지만, 욕구와 표출법(표정)이 전적으로 모순되어 있기 때문에 필요 이상으로 과장되거나 왜곡되기 마련이다.

가령, 앞에서 보인 표 가운데 이마, 눈썹, 눈, 코가 즐거움의 근육

운동을 하고 있는데 입, 입술, 턱이 혐오의 근육운동을 하는 식이다. 또한, 태도 역시 어딘지 모르게 어색하다.

 이와 같이 분노, 증오, 슬픔, 공포 등 사회생활을 저해하는 원인이 되기 쉬운 '마이너스 감정'이 억압되어, 웃음이나 기쁨의 표정 등 '플러스 감정'이 표출되는 것은 일상생활에서도 종종 우리가 체험하는 바이다.

 그 좋은 예가 부부싸움이다.

 서로의 불화가 고조되면 불쾌한 표정을 지우고 마냥 웃는 얼굴이 되면서 태도 전체가 비굴할 정도로 공손하게 된다. 가정법원의 조정위원은 부부 가운데 어느 한쪽이 이런 태도를 보일 때는 불화의 뿌리가 깊다는 단정을 내린다고 한다.

서로에 대해 격심한 적의와 반감을 지니고 있다. 그러나 그것을 남들 앞에서 표출하는 것은 상대방에게 불쾌감을 줄 뿐만 아니라, 부부의 위기라는 사회적으로 용인되지 않는 사태를 노출시키게 된다.

그리하여 만들어진 미소와 지나치게 공손한 태도가 생겨난다. 심리학에서는 이것을 '반동형성(反動形成)'이라 부른다. 따라서 그 밑에 상대방에 대한 경멸과 증오가 깔려있는 만큼, 부부로서의 친밀감과는 달리 남남으로 보일 만큼 과장된 표정이나 태도가 된다.

연예인 부부의 불화를 알기란 그리 어렵지 않다. TV 쇼프로, 퀴즈프로, 가요프로 등을 열심히 보면서 예전의 태도보다 유난히 즐거운 표정을 자꾸 짓는다거나 말수가 많다거나 자꾸 부부간의 금슬이 좋음을 과장하는 경우를 체크하면 짐작할 수 있게 된다.

동양인의 웃음은 불가해한 것이 아니다

이 반동형성과 흡사한 것이 한국인의 미소이다.

외국인은 동양인들의 웃음을 이해할 수 없다고 한다. YES, NO를 뚜렷이 밝히지 않고, 그저 웃기만 할 뿐이어서 기분 나쁘게 여겨지는 모양이다.

이것은 낯선 외국인과 자주 교섭을 갖게 되었을 때 어떻게 대처할지 모르겠고 또 언어도 이해할 수 없었지만 그렇다고 너무 무표정하게 있는 것도 실례이다. 따라서 화를 내자니 상대방을 불쾌하게 할 것이라는 생각에서 모호한 미소를 짓곤 했던 것이 오늘날까지 이어진 것이라고 생각된다.

다만, 그 같은 미소를 외국인들이 기분 나쁘게 여기는 것은 꼭 동양의 경우에만 국한되는 것은 아니다.

조르쥬 심농의 탐정소설인 메그레 경정시리즈를 보면, 메그레가 처음 뉴욕을 방문하여 뉴욕 시경의 오브라이언과 만났을 때 그의 미소에 혐오감을 느끼는 대목이 나온다.

'그 까닭 없이 기분 나쁜 미소는 무엇을 의미하는가?

메그레는 그 미소에 약간 화가 났다. 자신이 외국인임을 의식한 미소였다. 다른 외국인과 마찬가지로 조소당하고 있다는 느낌을 받았던 것이다.

오히려 문화가 전혀 다른 땅에 왔다는 위화감이 미소에 의해 촉발되는 것은 어디서나 마찬가지가 아닐까 싶다.

"눈물에는 국경이 없지만 웃음에는 엄연히 국경이 존재한다."

이런 말처럼, 웃음은 문화를 달리할 때 이해할 수 없는 것이다. 따라서 뭔가 수상한 데가 있는 게 아닌가 해서 '반동형성'의 의혹을 품게 되는 것이다.

그러나, 최근에는 이와 같은 위화감이 거의 사라졌다. 문화적인 측면에서 적어도 서양과 거의 차이가 없어진 지금은 많은 외국인들은 동양인들의 미소에 별로 신경을 쓰지 않고 같이 웃어 준다. 오히려 모호한 미소에 신경질적인 반응을 보이거나 무표정한 얼굴을 하는 쪽은 동양인인 우리가 아닐까 싶다.

미소는 폭소와 달리 항상 호감을 담고 있다. 그러므로 미소에는 미소로 답하는 것이 커뮤니케이션을 매끄럽게 하는 요체라 할 수 있다.

표정으로 읽을 수 있는 상대방 마음 4가지

1. 무표정은 내심의 불만이나 반감을 상대방이 알아주었으면 하는 표시이다.
2. 여성의 무관심한 표정은 상대방에 대한 호의를 완곡하게 표현하는 것일 수 있다.
3. 미소의 이면에는 때로 격심한 증오감이 감춰져 있는 경우가 있다.
4. 모호한 미소는 경계심의 표현이다.

3

신체로 인간을 안다

무의식적인 우열감은 인사방법 하나에도 나타난다

우리가 처음으로 어떤 사람과 만나게 되면, 먼저 인사부터 하는 것이 보통이다 가령, 그때 초면이라도 서로에 대해서 완전히 무색투명한 기분을 갖고 있기보다는, 항상 어떤 선입견이나 감정에 사로잡혀 있게 마련이다.

진작부터 만날 약속이 되어 있었다면, 그 날까지 상대방과 관련된 평판이나 실적을 들어 대체적인 윤곽을 머리 속에 그리고 있을 것이다. 또 비즈니스 거래같이 밀접한 이해관계가 있는 경우엔 상대방을 처음 본 순간 어딘지 모르게 기분이 나쁜 녀석이라든가, 기분이 좋은 사람이라는 등의 직관적인 인상을 받게 되는 경우가 많다.

그러나, 대개의 경우 이 같은 감정이나 생각이 그대로 인사 속에 노골적으로 나타나지는 않는다. 특히, 그것이 애정이나 호감같이 상대방을 즐겁게 하는 것이 아니라, 증오나 적대감인 경우에 사람들은 대개 그것을 베일 밑에 감추고, 될 수 있으면 상대방이 깨닫지 못하도록 애쓸 것이다.

그렇지만 억제된 것은 항상 출구를 찾기 때문에, 문득 얼굴을 내밀기도 하고 인사나 악수방법의 무의식적인 변화로 나타나기도 한다.

즉 초면이라도 상대방의 악수방법을 자세히 관찰함으로써 자신에 대해서 품고 있는 감정이나 생각, 또는 상대방의 인품까지 짐작케 하는 실마리를 얻을 수 있는 것이다.

내가 며칠 전에 목격한 광경을 예로 들어보겠다.

내가 다방에서 사람을 기다리고 있다가, 사업가 스타일의 회색 양복을 입은 약 40세 전후의 두 사람이 서로 명함을 교환하는 장면을 목도했다. 바로 옆에 앉아 있던 나는 그 두 사람을 자세히 관찰할 수 있었는데, 한 사람은 인사를 할 때 허리를 살짝 굽히며 상대방의 눈을 직시했지만 다른 사람은 몸을 깊이 숙이며 눈을 아래로 내리깔고 있었다.

나는 이로써 두 사람의 관계를 확실히 알 수 있었다.

왜냐하면 눈을 직시하며 인사하는 사람의 마음속에는 상대방에 대한 경계심과 동시에 위압감을 주려는 무의식적인 의도가 있다고 볼 수 있으며, 깊이 고개를 숙여 상대방으로부터 눈을 피하는 다른 한쪽 사람의 태도에서는 마치 개가 마음을 허락한 주인을 대하듯 벌렁 드러누워 배를 내보이는 행위와 마찬가지로 무슨 일을 당해도 개의치 않겠다는 의사표시를 읽을 수 있었기 때문이다.

깊이 고개를 숙인 사람은 아마도 성실한 사람임이 분명하겠지만, 상대방에 대한 어쩔 수 없는 열등감이 인사동작에 나타난 것이라고 보아도 틀림없을 것이다.

예상대로 2~3분이 지나자, 눈을 직시하며 인사한 사람은 다리를 꼬고 의자에 깊숙이 몸을 파묻고 앉아 아주 여유가 있는 폼을 취하고 있었다. 그에 반해서, 의자에 털썩 엉덩이를 걸치고 정좌한 것은 상대방의 눈을 보지 않고 인사한 쪽이었다.

이 예에서 볼 수 있듯이, 초면끼리 만났을 경우엔 서로가 품고 있는 감정이나 생각은 무의식중에 상하를 결정짓는 다툼으로 발전하기

십상이다. 그리고 그것은 인사방법이나 눈의 위치 등에 반영된다.

만났을 때 우열을 다투는 일은 인간만이 아니라 동물의 세계에서도 있는데, 동물들에게는 인사 같은 것이 없이 단지 대치하는 것만으로도 우열이 결정되고 만다. 상위에 선 놈은 어깨를 펴고 기고만장해하고, 하위에 선 놈은 고개를 숙이고 꼬리를 감추는 것이다.

하지만, 인간에게는 사회적으로나 문화적으로 규정된 인사라는 것이 있기 때문에 자신도 모르게 상하결정의 투쟁성이 거기에 표출되는 것이다.

인사할 때의 거리는 그대로 심리적 거리를 나타낸다

나는 심리술의 첫 시작으로 인사를 예로 들었는데, 이때 상대방이 자신과의 거리를 어느 정도 취하는가를 관찰하는 것도 상대방의 심리상태를 읽는 중요한 포인트가 된다.

종종 중년여성을 만나면 인사를 할 때 짐짓 두세 걸음 물러서는 사람이 있다. 이럴 때 상대방은 거북한 느낌이 들어서 솔직한 이야기를 할 수 없게 된다.

이와 같이 피차의 거리를 크게 취하려는 경우는 경계심이나 겸손, 또는 사양 같은 감정의 나타냄이라고 보아도 틀림없다.

동양인은 서양인에 비해 일반적으로 거리를 두는 편인데, 심리학적으로 보면 인사할 때의 거리는 그대로 심리적 거리와 함수관계에 있다. 의식적으로 거리를 두는 것은 그 함수로 미루어 그만큼 상대방에 대해서 친밀감을 느끼지 않는다. 즉 경계나 두려움을 품고 있는 증거라 볼 수 있다.

심리술은 인사할 때 그 자리의 공기를 자신에게 유리하게 이끌고 싶을 때 역이용할 수 있다. 즉, 상대방에게 바싹 다가가서 어깨가 닿을 듯이 인사하는 것이다.

이렇게 하면 뒤에 가서 상세히 언급하게 될 그 사람의 보디 존(body zone)을 침범할 뿐만 아니라, 이쪽이 상대방에 대해서 경계나 두려움 같은 감정을 전혀 품고 있지 않다는 것을 은연중에 나타내는 결과가 된다.

경계나 두려움을 품지 않는다는 것은 상대방에 대해서 우위에 섰을 때 비로소 가능한 것이지만, 이 경우엔 의식적으로 그러한 상황을 만들어서 상대방을 하위의 심리형태에 빠트리는 것이다.

악수할 때 땀이 느껴지면 상대방은 불안정한 상태에 있다

이어서 악수를 통한 심리술로 이야기를 진전시켜 보자.

일반적으로 언급되는 것은 악수의 강도와 성격의 연관성이다.

가령, 힘 있게 쥐는 사람은 능동적이고 자신에 넘치는 성격일 경우가 많고, 힘이 들어 있지 않은 악수를 하는 사람은 무기력하고 연약한 성격이라는 식이다. 또한, 파티 같은 장소에서 생면부지의 사람한테도 척척 악수를 건네는 것은 자기과시욕이나 사교성의 표현이라고 말해진다.

그러나 상대방의 마음 밑바닥을 간파하기 위해서는 좀더 미묘한 점에까지 착안하지 않으면 안 된다.

중세유럽에서는 모르는 사람이 서로 마주칠 때, 만일 적이 아니라면 무기에서 손을 떼고 두 손을 벌려 아무 것도 감추고 있지 않다는 것을 보여주면서 접근하여 손을 맞잡았다고 한다. 오른손잡이가 많았기 때문에, 오른손으로 상대방의 오른손을 잡으면 뺄 염려가 없다는 점에서 악수는 무장해제의 상징적인 역할을 했던 것이다.

이것은 현대에서도 그대로 적용되는 것으로 악수는 일종의 심리적인 무장해제를 의미한다. 소위 '대비'를 배제하고 있는 만큼 사소한 심리적 변화조차도 반영하기 쉬운 것이다. 게다가 악수는 상대방의 신체와 직접 접촉한다는 이점이 있다.

악수의 기원을 조사해 보면, 인간이 아직 벌거벗고 생활하던 옛날 남성끼리 상대방의 성기를 손으로 덮고 인사한 데서 비롯되었다고 한다. 그것이 후에 손과 손의 접촉으로 변했는데, 악수는 원래 '신체로 인간을 안다'는 목적이 있었던 것이다.

그러면, 구체적으로 악수를 통해 상대방의 미묘한 심리적 움직임을 읽는 방법에는 어떤 것이 있을까? 그 대표적인 한 가지 예는, 손의 습도에 따른 판단이다.

인간의 신체는 공포나 두려움과 같은 감정의 변화에 따라서 자신의 의사와는 관계없는 자율신경이 작동하여 호흡이 거칠어진다거나 혈압과 맥박이 변한다거나, 또는 땀샘이 흥분(정신적 발한發汗)한다는 것은 잘 알려져 있다.

권투시합을 보다가 게임이 긴박해지면, 땀이 손에 흥건히 배는 것이 그 일례이다. 만일, 손을 쥐어서 상대방의 손에 땀이 배어있음을 느끼게 되면, 상대방이 긴장상태에 있으며 마음의 평형을 잃고 있다고 생각해도 틀림없다.

한때, 경찰에서는 과학수사의 베테랑급들이 경찰관들에게 심문악수법을 실시하도록 권한 적이 있다고 한다. 피의자를 심문할 때 가볍게 악수를 교환하는 것이다.

"자 편안한 마음으로 하자고……"

심문을 시작할 때, 먼저 악수를 하고 그 후 핵심에 접근할 때마다. 다시 악수를 나눈다. 처음엔 건조하던 피의자의 손바닥이 중간에 땀으로 젖어 있으면 범인이라고 생각해도 좋다는 것이다.

소위 거짓말 탐지기도 이 땀샘의 흥분을 기록하는 보다 과학적인 기기인데, 원리는 심문악수법과 다를 바가 없는 것이다.

플레이보이의 격언

이 방법은 범인을 탐색할 뿐만 아니라, 이성간의 악수에서도 응용할 수 있다.

표면은 냉정하고 차갑게 보이는 여성이 막상 악수를 해보면 손이 땀에 젖어 있는 경우가 있다. 남성의 용모나 신체, 또는 말씨와 분위기 등에 어느 정도 흥분해 있다고 봐도 좋다.

"손에 땀이 밴 여성을 노려라!"

플레이보이의 격언도 있듯이, 정신적 발한을 생각할 때 일리 있는 말이라 할 수 있다. 나에게는 유감스럽게도 그런 체험이 별로 없지만, 평정을 잃은 여성만큼 함락하기 쉬운 것도 없을 것이다.

이와 같이 악수할 때의 방법이나 손바닥의 느낌으로 상대방의 마음속을 간파할 수 있는데, 인사의 경우와 마찬가지로 이 심리술을 역이용하면 상대방을 압박할 수도 있다.

그 좋은 예가, 인기 TV프로 〈형사 콜롬보〉에서 콜롬보 형사가 행하는 악수법이다.

콜롬보 역의 피터 포크는 약간 자그마한 몸집인데, 악수를 할 때 반드시 눈을 치켜뜨고 상대방의 눈을 응시한다. 범인은 이 눈인사에 내심 만만치 않음을 느낀다. 게다가 악수를 하는 손은 의외로 커서 그 큰손으로 꽉 누르듯 악수를 해오면, 자신이 처음부터 불리한 입장에

처해 있음을 깨닫게 된다.

  이런 심리상태로 범인을 몰면, 나중에 콜롬보 형사의 놀라운 추리력으로 사건이 일단락되는 것이다.

  인사방법 가운데는 위에서 본 바와 같은 동작 말고, 말에 의한 것이 있다.

  "안녕하십니까?"

  수인사로 시작해서 근황의 교환에 이르기까지 다종다양한 형식을 취하게 되는데, 그 중에서 상대방을 심리학적으로 봐서 의미가 있는 것은 초면이 아니라, 몇 차례 만나서 약간은 피차 편한 마음을 가질만한 관계인데도 변함없이 깍듯한 인사말을 하는 경우이다.

  이것은, 상대방이 자신과 인간관계를 깊이 맺고 싶지 않다는 의사표시라고 볼 수도 있다 즉, 서로 교제하는데 있어서 '형식만은 갖춘다' 거나 '너와 나는 어디까지나 상대방이다' 라는 심리를 깍듯한 인사말로 감추고 있는 것이다. 뒤집어 말하면, 이런 사람은 극히 자기방어적인 성격이라는 얘기가 된다.

  이와 같이 고개를 숙이는 인사나 악수나 말이든 서두에서 설명했듯이, 인간관계에 있어서 최초의 접점인 만큼 그 안에 감춰진 상대방의 심리를 재빨리 간파하여, 즉각적으로 대응하는 것이 보다 원활한 관계를 유지하는 첫걸음이라고 할 수 있다.

인사로 읽을 수 있는 상대방 마음 10가지

1. 상대방의 눈을 보며 인사하는 사람은, 상대방에 대한 경계심과 동시에 우위에 서고 싶다는 욕망을 갖고 있다.
2. 상대방의 눈을 피해 깊이 고개를 숙이는 사람은, 상대방에 대해 열등감을 갖고 있는 경우가 많다.
3. 인사할 때 의식적으로 간격을 두는 사람은, 상대방에 대해 경계심이나 두려움을 느끼고 있다.
4. 초면인데도 어깨가 닿을 듯이 가깝게 접근하며 인사하는 사람은, 그 자리의 분위기를 자신한테 유리하게 이끌려 하는 것이다.
5. 악수할 때 손을 세게 쥐는 사람은 능동적이고 자신만만한 성격이다.
6. 악수할 때 손에 힘이 들어가지 않은 사람은 무기력하고 연약한 성격을 가지고 있다.
7. 파티 같은 곳에서 모르는 사람과도 척척 악수를 교환하는 사람은, 자기과시욕이 왕성하다.
8. 악수할 때 손바닥에 땀이 밴 사람은, 흥분상태에서 마음의 평형을 잃고 있는 경우가 많다.
9. 악수할 때 먼저 눈을 응시하면서 손을 쥐는 사람은, 상대방을 심리적으로 위축시키려 하는 것이다
10. 초면도 아닌데 깍듯한 인사말을 하는 사람은, 자기방어적인 성격을 가지고 있다.

4

모든 것을 허락한 남녀는
테이블을 사이에 두고 앉지 않는다

'가만히 앉아 있는 모습' 만으로도 인간의 심리가 드러난다

　내가 잘 알고 있는 후배 부부 2쌍이 결혼생활에 관해 상담차 방문할 때까지, 나는 그 후배 부인들에 관해서는 전혀 모르고 있었다. 전화로 간단히 용건을 듣긴 했지만, 각각의 관계나 여성들의 인품에 대해 나는 당일까지 전혀 백지상태나 다름없었다.
　그런데, 그들이 우리 집을 방문하여 응접실 소파에 앉는 순간 그들의 관계에 대해 뭔가 탁 잡히는 것이 있었다.
　한쪽 부부는 여성이 문제를 안고 있어서 남성에 대해 심리적인 부담을 느끼고 있다는 것, 다른 쪽 부부는 남성도 그렇지만 여성이 상당히 유능하다는 것을 감잡을 수 있었다.
　언뜻 보기에, 두 여성들 모두 용모도 뛰어나고 붙임성도 있고 성격도 쾌활해 보였다. 다만, 다른 점은 그녀들이 남성을 대하면서 좌석을 앉는 방식이었다.
　한쪽 여성은 긴 소파 끄트머리에 다소곳이 약간 사선으로 남성을 바라보는 자세로 앉았음에 반하여, 다른 여성은 남성과 거의 어깨가 닿을 만큼 가까운 위치에 나란히 앉아 정면으로 나를 바라보는 자세를 취했던 것이다.
　이와 같은 앉음새의 차이로 어떻게 내가 앞에서 말한 바와 같은 인상을 받았는가는 뒤에 가서 자세히 설명하기로 하고, 그 인상을 바탕으로 그들로부터 이야기를 들은 바로는 다음과 같다. 예측대로 한 여

성은 상대방의 남성과 동거 중 임신하여 내키지 않아 하는 그에게 정식으로 결혼을 해 달라고 간청했던 그런 사연이 있었던 모양이다.

다른 한쪽 여성은 상대방의 남성과 같은 직장의 1~2년 선배로, 당시 매사에 있어 유능하여 직장에서도 존경받는 입장에 있었다는 사실이 나중에 드러났다.

'보디 존' 이란?

인간이 상대방과의 관계에서 어떻게 자리를 점하고 어떤 식으로 자리에 앉는가에 의해 그 상대방의 심리가 드러나는 이와 같은 예는 당신도 적지 않게 경험했을 것이다.

다만, 그때 그 사실을 인식하여 받아들이고 필요한 어느 정도의 심리학적 관찰을 행하여 그것을 어떻게 해석할 것인가 하는 지식을 갖고 있느냐의 여부에 따라 상대방을 간파하는 정도에 차이가 있었을 뿐이다.

특히, 자리 잡는 방법인 앉는 방법에 인간의 심리가 숨김없이 반영되는 2가지 이유가 있다.

하나는 상석과 말석 같은 말에도 나타나듯이 자리 잡는 방법에는 그 사회와 집단의 전통적인 상위와 하위, 또는 우위와 열등의식이 그대로 반영된다.

지금도 형식을 갖춘 회합이나 고령층의 모임에서는 먼저 누가 어디에 앉느냐를 두고 주최 측이 골머리를 썩거나 참석자 사이에 불필요한 사양 소동이 일어나는 경우가 많다.

또 하나는, 모든 인간이 있는 생물적인 영역의식의 일종인 '보디 존'이라는 개념이다.

인간에게는 기본적으로 자신의 몸 주위에 자기전용의 스페이스(공간)를 갖고자 하는 심리가 있어서 그것이 침범 당하면 불쾌하고 불안해진다. 이 스페이스를 일컬어 '보디 존'이라고 하는 것이다. 극히 일반적인 경우에 인간은 서로 간에 이 범위를 침범하지 않으면서 사회생활을 영위해 간다.

가령, 시발역에서 전철을 타보면 먼저 좌석의 양쪽이 채워진다. 처음에 앉는 승객들은 상대방과 되도록 많은 거리를 두고 떨어져 앉는 것이다. 이어서 그 양쪽 끝에서 가장 먼 한가운데 자리가 메워진다. 그 후엔 하나하나 사이가 메워지는 식으로 자리가 차는 것이다.

전철에서 자리가 채워지는 이와 같은 방식은, 비로 자신의 보디 존을 지키고 상대방의 그것을 존중한다는 암묵적인 약속을 나타내고 있는 것이다.

그러나 전철이 붐비게 되면 보디 존 같은 한가한 말은 할 수가 없게 된다. 이리 밀리고 저리 밀리며 접촉하게 되고, 나아가서는 서로 밀착되어 움직일 수 없게 된다. 이 때의 불쾌감은 신체의 자유를 잃었다는 것만이 원인은 아니다. 그 불쾌감은 심리적으로 자신의 영역을 침범 당했다는 것에서 오는 것이다.

따라서, 이와 같은 상태에 놓인 인간은 스스로 인간임을 잊으려고 시선을 엉뚱한 곳으로 두거나 하면서, 마치 물체가 된 듯이 행동하려 든다. 물체가 되면 피차 상대방을 의식하는 아무런 감정도 일어나지 않을 터이기 때문이다.

  이것이, 극히 일반적인 관계에서 서로 간에 자리를 잡는 방법이다. 즉, 친밀감이나 혐오감 같은 플러스 감정이든 마이너스 감정이든 특수한 심리관계를 갖지 않은 상대방인 한 인간은, 지극히 일반적인 '보디 존'을 지키는 선에서 자리를 잡고 앉으려고 한다.

  따라서 이것을 반대로 생각하면, 심리적으로 어떤 특수한 상태에 있는 인간은 이 '보디 존'의 일반원칙에서 벗어나리라는 점을 쉽게 유추할 수 있다.

  실제로 이 사실을 뒷받침하듯이 다양한 특징을 지닌 자리 잡기, 앉음새와, 거기서 판독할 수 있는 그 사람의 심리적 대응관계에 대해서 알아보기로 하자.

앉음새의 관찰에는 3가지 요소가 있다

  전통적인 상석과 말석의 개념과 보디 존의 개념을 종합하여 그 사람의 앉음새, 자리 잡기 방법에서 상대방의 심리를 간파하려면 먼저 3가지 착안점에 주목해야 한다. 하나는 앉을 때 그 사람이 상대방에 대해 두는 '거리', 하나는 그 사람이 상대방에 대해 어느 '방향'에 앉는가, 또 하나는 앉을 때의 '자세'이다.

  먼저 '앉는 거리'에 관해서 말하면, 이 거리의 크기는 바로 상대방의 보디 존의 침범정도를 나타낸다고 생각할 수 있다. 즉, 타인과 타인이라면 당연한 불쾌감이나 불안감을 느낄 만큼 가까운 거리에 자리를 잡는 경우엔, 서로의 영역을 침범하는 것을 인정한 인간관계가 이미 설정되었다고 보는 것이 첫째 사고방식이다.

가령, 서로 모든 것을 허락한 연인 사이라면 아무리 넓은 장소에 있다고 해도 항상 상대방의 바로 옆에 앉으려고 할 것이다 같은 회사원이라도 유·무능을 떠나서 상사와 심리적 이해관계가 성립된 사원과 반대로 상사에 대해 심리적 저항감을 갖는 사원은 그 상사에 대해 앉는 거리가 다를 것이다.

부부 사이에도 요즘 유행인 뉴패밀리라 일컬어지는 젊은 신세대의 부부처럼 항상 서로를 밀착거리에 두는 부부와 남편 뒤를 몇 걸음 떨어져 걷는 부부는 둘 사이의 심리적 관계가 다를 수밖에 없다.

앉을 때의 물리적 거리는 앞장에서도 언급했듯이, 그대로 상대방에 대한 심리적 거리를 나타내고 있는 것이다.

그런 뜻에서 볼 때, 처음에 예로 든 후배 부부의 경우에는 남편에게서 약간 떨어져 소파 끝에 앉은 여성은 아닌 게 아니라 임신한 자신과의 결혼에 적극적이지 않았던 남편에 대해 심리적 거리를 느끼는 것이 당연하다. 그러나 그럼에도 애원하다시피 해서 결혼까지 하게 만든 것에 대한 부채감도 그 거리에 나타나 있다고 볼 수 있다.

대학 강의실에서도 교수에게 친근감을 느끼거나 적극적으로 토론에 참가하려는 학생은 대개 앞줄에 앉으며, 강의에 흥미가 없는 학생이나 어쩌다 출석하는 학생은 뒷줄에 자리를 잡는다.

최근에는 교수와 학생 사이도 서먹서먹해져서 그런지 강의실 좌석이 뒷줄부터 차례로 메워지는 경우가 적지 않은 모양이다.

심리적 거리를 무시하는 데에는 위압과 유혹의 함정이 있다

'앉는 거리'와 관련된 또 하나의 견해는, 상대방과 자신의 심리적인 차이에서 발생한다.

자신이 상대방에 대해서 친밀감을 갖고 있지 않은 경우에도 상식적인 보디 존을 상대방이 침범해 오는 경우이다. 이런 경우는 상대방이 의도적으로 자신에 대해 위압 또는 위협을 가해오려는 것이거나, 종래의 인간관계의 벽을 허물고 들어오려는 것이거나 둘 중 하나일 가능성이 많다.

가령, 길거리에서 깡패와 맞닥뜨렸을 때 그들은 대개 코끝을 비벼댈 듯이 가까이 다가온다.

또 경찰에서 자행되는 심문 가운데는 심문이 진행됨에 따라 형사가 피의자에게 다가가 마침내는 형사의 두 무릎 사이로 피의자의 한쪽 무릎이 들어갈 정도로까지 근접하는 방식이 있다고 한다. 이렇게 해서 상대방의 보디 존을 침범하여 불안을 주고, 그럼으로써 결국 자백을 받아내려는 작전이다.

상대방이 자신을 받아들여 주기를 바라면서 보디 존을 침범하는 대표적인 경우는 세일즈맨의 고객접대의 태도나 여성의 교태에서 볼 수 있다. 보디 존의 침범방식이 이 가운데 어느 것에 해당하는지는 당신이 그때 느꼈던 불쾌감의 정도로 판별할 수 있을 것이다.

위압하려 드는 상대방이라면 그가 아무리 얼굴에 미소를 머금고 있어도 당신의 몸은 무의식중에 본래의 보디 존을 회복하려는 움직임을 보일 것이다.

상대방이 자신을 받아들여 달라는 의도에서 하는 보디 존 침범행위에 대해서는 불쾌감과 동시에 당신의 마음 어딘가에서 상대방에게 흡인되는 듯한 간지러운 감정이 솟아남을 느낄 것이다.

교묘한 위압이나 유혹에는 대개 이와 같이 보디 존을 의도적으로 침범하는 수법이 이용된다.

지금 서술한 바와 같이, 심리적 위화감을 자각할 수 있다면 상대방의 진의를 간파하기가 간단하지만, 그렇게 되지 않을 수도 있기 때문에 이러한 보디 존 침범방식이 무엇을 의미하는지 알아두는 것이 중요하다.

모든 것을 허락한 남녀는 테이블을 사이에 두고 앉지 않는다

다음으로, 유의해야 할 것은 '앉는 방향' 이다.

이에 관해서는 2가지 착안점이 있다. 하나는 상대방의 정면에 앉는가 옆에 앉는가이며, 또 하나는 방의 입구와 안쪽 가운데 어느 쪽으로 등을 향하는가이다.

정면에 앉는가, 옆에 앉는가로 나타나는 심리상태의 차이 가운데 하나는 '앉는 거리' 와 관련해서 언급한 보디 존 이론의 연장으로 볼 수 있다. 즉, 사람이 마주 볼 때는 포옹이나 악수할 때를 빼고는 상대방에 대해서 약간 거리를 두는 것이 자연스럽다.

보통은 적어도 상대방의 전신, 또는 상반신이 무리 없이 시야에 들어올 만한 거리를 둔다. 이에 반하여, 옆에 앉을 때는 이러한 제약이

없이 거의 밀착한 거리에서 나란히 앉을 수가 있다. 이 거리감의 차이는 마주볼 때에 종종 양자 사이에 테이블이라는 장애물이 있음으로써 그것이 강조되기도 한다.

　마주볼 때는 서로 상대방을 관찰하는 위치에 놓여 있어서 시선의 충돌이라는 일종의 '대치관계'가 생기기 쉽다. 연인 사이에 종종 그런 것처럼 서로를 '감상'하고 싶은 경우라면 예외겠지만, 옆에 앉는 경우에는 이러한 '대치관계'가 사라지고, 더구나 동일방향을 향하고 있다는 것에서 같은 대상을 보고 있다는 연대감이 쉽게 생긴다.

　가령 파리의 카페테라스에 가 보면 아는 사람끼리는, 물론 모르는 여행자끼리도 편안한 자세로 서로 이야기를 나누고 있다. 이것은 사람들이 대부분 테라스의 의자에 나란히 앉아 도로를 향하고 있다는

것과 무관하지 않으리라 생각한다.

실제로, 앉아 보면 알겠지만 기분이 편안해지면서 이야기도 술술 나오는 것을 나 역시 경험한 적이 있다. 시선은 계속 주고받을 필요 없이 때로 서로가 공감하거나 감동할 때, 엇비스듬히 교차하는 것뿐이므로 부담을 느끼지 않고 서로의 기분이 통할 수 있다. 어떤 때는 시선의 방해를 받지 않으므로 이야기가 점점 확대되는 느낌조차 드는 것이다.

보통 커피숍 같은 곳에서 서로 마주보면 그렇게 되질 않는다. 시선이 계속 마주쳐서 서로를 확인하고 서로를 이해하는 데는 도움이 될지 모르지만 정신적으로는 피곤하다. 그래서인지 최근에는 벽을 따라 소파처럼 생긴 의자를 놓은 커피숍이 늘고 있는 것 같다.

이 점에서도 알 수 있듯이, 옆에 앉는 사람은 정면에 앉는 사람보다 상대방에 대해 강한 친밀감을 갖고 있다. 상대방을 이해하려고 한다든가 상대방에게 자신을 알리려 한다든가 하는, 상대방을 자신 이외의 다른 인간으로 의식하려는 심리가 이미 희박해져 있음을 나타낸다. 아니, 자신과 상대방의 일체감을 확인하려는 것이라고도 말할 수 있다.

따라서 남녀관계라도 테이블을 사이에 두고 끝없이 이야기를 나누는 두 사람은 상당히 친밀함에는 틀림없지만, 그렇게 깊은 관계는 아니며 아직 서로를 이해하고 상대방에게 자신을 인정받고 싶다는 충동상태에 있다고 할 수 있다.

그에 반하여, 옆에 나란히 앉지 않는 두 사람은 대개의 경우는 정면으로 마주한 두 사람만큼 말수가 많지는 않을 것이다. 이미 서로를 알 만큼 다 알고, 경우에 따라서는 모든 것을 허락한 사이여서 지금 그 일체감을 즐기고 있는 두 사람이라는 추측도 성립한다.

물론 연인 사이뿐만 아니라 이제까지 서로 떨어져 있던 사이가 엇비스듬히 자리를 잡거나 옆에 앉는다면 친밀감이 증폭되었든가, 아니면 친밀감을 증폭시키겠다는 무언의 제스처로 볼 수 있다. 다만 그것이 앞에서도 언급했듯이, 보디 존의 지나친 침범으로 느껴진다면 어떤 위압을 주려는 메시지일지도 모른다.

역으로, 옆에 앉아 있으면서도 몸을 비틀어 상대방을 정면으로 향하는 경우는 상대방에게 의혹이나 새로운 흥미를 느껴 모든 것을 다 알아내겠다는 탐욕스런 원망의 표현이라고 하겠다.

방 안쪽에 앉고 싶어하는 사람은 권력 지향성이 강하다

'앉는 방향'과 관련한 또 하나의 착안점은 방의 입구와 안쪽 중 어느 쪽으로 등을 향하는가 하는 문제에 대해서 말해보면, 안쪽으로 등을 향하는 사람은 대개의 경우 심리적으로 위, 또는 상위에 있다고 할 수 있다.

갱 영화들을 보면, 마피아의 보스는 단골 레스토랑에 가면 반드시 가장 안쪽자리에 벽을 등지고 입구를 직시하듯이 앉는다고 한다. 살인자가 들어와도 바로 대응할 수 있을 뿐더러 뒤가 벽이기 때문에 배후에서 누가 총을 쏠 염려도 없다. 가장 안전한 위치인 것이다.

인간은 눈이 전방밖에 볼 수 없기 때문에 항상 배후에 대해서 불안을 느낀다. 그래서 배후가 안전한 장소에 자리를 잡는다는 것은 그가 최상위에 있는 자임을 의미한다.

오늘날 고층 건물을 사무실로 쓰는 대기업 사장실은 최상층 구석방에 위치한 경우가 적지 않으며, 게다가 사장이 앉는 위치는 입구를 정면으로 보고 커다란 창을 등 뒤로 하고 있는 경우가 압도적으로 많다. 이 또한 배후의 불안을 해소하기 위한 방법이라고 하겠다.

면접방법 가운데 하나로 '스트레스 인터뷰'라는 것이 있다. 이것은 면접자가 방 안쪽에 책상을 앞에 두고, 피면접자가 입구의 문을 뒤로하고 의자 하나에 앉아 서로 마주보고 앉는 방식이다.

벌써 짐작되겠지만, 면접을 받는 측은 등이 입구를 향하고 있기 때문에 불안하기 짝이 없다. 그런 불안정한 심리상태로 몰아붙인 다음에 피면접자가 보이는 반응을 통해서 상대방의 심리를 알려는 방식이다.

이러한 예에서 도출할 수 있는 한 가지 결론은 가령, 회합 같은 곳에서 되도록 안쪽에 앉으려는 사람은 권력지향성이 강한 한편, 자신의 몸에 가해지는 위협에 신경질적인 반응을 보이는 소심한 면도 가지고 있는 경우가 많다.

동양의 전통적인 상석과 말석의 개념에 지나친 집착을 보이는 사람에 대해서도 같은 말을 할 수 있을 것이다.

깊숙이 앉는 사자형, 얕게 앉는 얼룩말형

'앉음새'에 의한 심리술의 마지막 이야기는 '앉는 자세'에 관한 것인데, 이것은 뒤에 나오는 '손발의 움직임'과 공통되는 부분이 있으므로 앉을 때의 특유한 것만을 간단히 언급해 보겠다.

인간에게 있어서 선 자세는 가장 활동에 적합한 보통상태이며 따라서 앉을 때도 대개의 경우 바로 일어서는 자세를 전제로 하고 있다. 의자에 얕게 걸치는 것이 그 일례인데 긴장감이 높아 언제라도 행동으로 옮길 태세에 있다.

심리학에서는 이것을 '각성수준(覺醒水準: arousal level)'이 높다고 말한다. 그러나 이완(弛緩)되면 이 '각성수준'이 저하하여 편안히 다리를 내밀고 의자 깊숙이 앉게 된다. 이것은 바로 일어서지 못하는 자세이다.

이런 점에서, 가령 사자는 하루의 대부분을 누워서 지내며 사자한

테 먹히는 얼룩말은 항상 서서 신경을 곤두세우고 있는 것처럼, 깊숙이 앉는 사람일수록 정신적으로 우위에 서 있거나 또는 우위에 서고자 염원하며, 열위에 있는 사람일수록 바로 일어설 자세로 앉는다고 할 수 있다.

아울러 의자에 얕게 걸터앉는 사람일수록 상대방에게 공손히 의사를 표현하고 상대방의 이야기에 흥미를 느끼고 있음을 무의식중에 표현한다고 할 수 있다.

이밖에도 인간이 앉는 자세로 나타나는 상대방의 심리에는 다양한 면이 있다. 예를 들어, 앉자마자 바로 다리를 꼬는 사람은 주의 깊게 자신을 지키며 지지 않겠다는 대항의식을 갖고 있다 한다. 다만 이것은 남성의 경우이고 여성은 약간 다르다.

　동양여성들은 일반적으로 다리를 꼬는 습관이 없으므로 대담하게 다리를 꼬고 앉는다는 것은 용모에 상당한 자신을 갖고 있다는 증거라고 볼 수 있다. 그렇게 함으로써, 남성의 눈길을 끌게 되리라는 것을 충분히 계산하고 있다는 점에서 자신을 과시하고 싶은 바람을 갖고 있는 것이다.

　자존심이 강하여 포즈를 잡는데 집착하기 때문에 남성과 쉽게 사귀면서도 마음은 쉽게 허락하지 않는 타입이라고도 할 수 있다.

앉음새의 차이에 의해 알 수 있는 상대방의 심리 11가지

1. 보디 존을 상호 침범하는 정도가 클수록 그 두 사람은, 친밀한 인간관계에 있다.
2. 보디 존을 의식적으로 벗어나려는 사람은, 상대방에 대해 심리적인 저항감을 갖고 있다.
3. 상대방에게는 보디 존을 침범할 의사가 없는 데도 일방적으로 나의 보디 존을 침범하는 사람은, 상대방을 위협하려 들거나 상대방이 자기를 받아주길 바라고 있는 것이다.
4. 정면에 앉는 사람보다는 옆에 앉으려는 사람이, 상대방에 대해서 심리적인 일체감을 더 많이 가지고 있다.
5. 정면에 앉는 사람은 옆에 앉는 사람보다 상대방에게 자신을 더욱 이해시키고 싶어 한다.
6. 옆에 앉아 있으면서 갑자기 몸을 비틀어 정면을 보려는 사람은, 상대방에게 의혹이나 새로운 관심을 품고 있다.
7. 방 안쪽에서 입구를 바라보며 앉는 사람은, 권력의식이 강하며 한편으로 소심한 면이 있다.
8. 방 입구에 등을 향하고 앉는 사람은 상대방에 대하여 심리적인 열위에 선다.
9. 의자에 깊숙이 앉는 사람은 상대방에 대하여 심리적 우위에 있든가 우위에 서고 싶어 하는 것이다.
10. 의자에 앉자마자 다리를 꼬는 사람은, 상대방에게 지지 않겠다는 대항의식을 갖고 있다.
11. 다리를 꼬고 앉는 여성은 자신의 용로에 남성들이 관심을 가져주기를 바라고 있다.

5

손발의 움직임은 자신을 위무하는 나르시시즘

표정을 감추려 해도 상대방의 심리는 손발의 움직임에 나타난다

　표정이나 눈에 상대방의 심리가 나타나기 쉽다면 얼굴을 감추거나 일부러 노력하여 얼굴의 변화를 억제하면 되지 않을까 싶다.
　그런데, 인간의 심리는 바깥으로 나오고 싶어 안달이다. 더 나아가서는 환자처럼 표출을 억제하려 들면 들수록 노출되고 싶어 하는 것이다.
　비록 얼굴에 나타나지 않더라도 손과 발의 움직임에 나타나게 마련이다. 이것은 원래 표정으로써 얼굴에 나타나야 할 에너지가 손발의 운동에너지로 바뀌어 일어나는 현상이다.
　우리는 기쁠 때 안면근육을 풀며 웃음을 지을 뿐 아니라, '만세'를 외친다거나 손뼉을 쳐서 기쁨을 몸으로 표현할 때가 있다. 또한, 긴장하면 얼굴근육이 뻣뻣해질 뿐만 아니라, 무릎을 달싹거리며 떠는 사람도 있다. 손과 발은 얼굴에 이어 마음과 감정을 나타내는 중요한 보조수단인 것이다
　야구시합에서 3루 코치가 타자에게 사인을 보낼 때 가장 어려운 것이 스퀴즈번트사인이라고 한다. 스퀴즈번트라는 것은 보통 무사나 1사에서 3루에 주자가 있을 때, 투수의 투구와 동시에 3루 주자가 홈으로 달리고 타자는 번트를 해서 공이 구르는 동안 주자가 홈베이스를 밟도록 하는 전법이다.
　만일 번트가 실패해서 스윙을 휘두르면 3루와 본루 사이에서 분사

하는 경우가 대부분이고, 프라이라도 치게 되면 타자와 주자 모두 아웃되는 최악의 결과를 초래하게 된다. 1점을 다투는 크로스게임 같은 경우, 스퀴즈번트는 아주 효과적임과 동시에 위험천만한 요소도 갖고 있는 이른바 '양날의 칼'과 같은 전법인 것이다.

그런 까닭에, 스퀴즈번트 사인을 받은 타자는 대개의 경우 상당한 긴장감을 느낀다고 한다. 그러나 그 긴장이 얼굴에 나타나면 상대편의 투수나 포수가 눈치 채고 만다. 아무렇지도 않은 얼굴이나 태연자약한 태도를 취하려 해도 경험이 적은 선수는 종종 마음의 동요가 손발의 움직임에 나타나고 만다.

배터박스에 서서 필요 이상으로 발치께의 흙을 고른다든지, 평소에는 배트를 어깨에 짊어지던 선수가 꼿꼿이 들고 있다든지 해서 사인을 받은 티를 내는 경우가 있다. 코치의 입장에서 보면, 스퀴즈번트 사인을 내는 것이 마치 살얼음을 밟는 듯한 기분일 것이다.

야구선수들 사이에는 '스퀴즈번트사인에 태연자약할 수 있으면 베테랑'이라는 말까지 하는 것처럼, 손발에 무의식적으로 나타나는 마음의 움직임을 감추기란 이렇게도 어려운 것이다.

정신과에서 조증환자를 보면, 마음이 고양되어 이곳저곳을 돌아다니며 손을 아무 뜻 없이 휘젓기 시작한다. 정신병리학에서 말하는 레스틀리스니스(restlessness)상태가 바로 그것인데, 환자의 심리상태가 마치 투명유리를 투과하듯이 손과 발의 움직임을 통해 이쪽으로 전달된다.

그런데 이러한 현상은 정신병 환자에 국한되는 것이 아니다. 가령, 우리도 전화를 걸면서 메모지에 무의식중에 낙서를 하는 경우가 종종 있다. 전화가 끝나고 문득 그 낙서를 보면 전혀 의미 불명의 글자와 그림이 적혀 있다. 그러나 그것은 의식 밑에 있는 상대방의 심리가 어쩌다가 표출된 것이다.

무의식 중에 표출되는 상대방의 심리

예전에 어느 외국영화에서 이런 장면을 볼 수 있었다.

살인사건의 범인이 자신의 아파트 방에서 전화를 하고 외출한 뒤에, 그의 뒤를 미행하던 형사가 전화기 옆에 놓인 메모리에 자그마한 여자 아이 비슷한 그림이 그려진 것을 발견한다.

이것을 갖고 돌아와 관계자에게 보인 결과, 그림 속의 여자 아이는 범인이 젊었을 때 버린 여성이 낳은 아이였다. 경찰은 이것을 단서로 그 아이의 어머니를 통해서 사건 당일인 범인의 발자취를 알게 되었다는 스토리 전개이다.

범인이 전화로 통화한 상대는 여자 아이와 아무런 관계도 없는 사람이었으나, 범인이 잊지 못하는 아이의 이미지를 자신의 심리에 떠올렸기 때문에 손이 자연히 움직였음에 틀림없다.

전화를 걸면서 전화 코드를 만지작거리는 동작도 사고나 의식의 흐름이 말에 의한 표현으로는 만족스럽지 못하여 손으로 보충하는 것이다.

사람들 앞에서 말을 할 때, 마음이 긴장되면 역시 손이 움직여 마이크 코드를 만지작거리기 시작한다. 외국어를 말하면서 제대로 표현이 안 될 때, 자꾸 손을 움직여 제스처를 섞어가며 의사를 전달하려는 것도 마찬가지 이유에서다.

손과 발 가운데서, 특히 상대방의 심리가 잘 표현되는 것은 역시 손이다. 대뇌피질의 운동영역에서 손과 얼굴을 움직이는 구역이 압도적으로 넓다는 것은, 앞에서도 언급했거니와 표정이나 입이나 눈 등에 이어 손은 감정표출의 주요한 수단이다.

팔짱을 끼는 동작은 거절의 자세

여기서는 일상생활에서 빈번히 보이는 손과 발의 움직임을 몇 가지 열거하여 그 밑에 숨쉬는 심리상태의 분석을 시도해 보기로 하자.

먼저, 팔짱을 끼는 동작이다.

이 행위는 첫째로, 인간에게 있어서 가장 소중한 내장인 심장을 보호한다는 의미가 있다. 즉, 상대방으로부터 자신을 지킨다는 해석이 성립되므로, 이것은 거절이나 거부의 심리상태를 나타낸다고 볼 수 있다.

둘째로는, 손바닥이 보이지 않기 때문에 거기에 어떤 무기를 감추고 있을지도 모른다는 해석이 가능하다. 다시 말해서, 상대방을 거절함과 동시에 필요할 때는 공격으로 옮길 수도 있다는 자세이다. 설사 무기가 없더라도 꼭 쥔 손을 그대로 뻗으면 바로 상대방을 공격할 수 있다.

필자는 강연을 할 경우가 많은데, 그때 청중 가운데 팔짱 긴 사람이 많으면 몹시 우울해진다. 왜냐하면 내 이야기를 받아들이지 않겠다는 의사표시가 거기에 나타나 있는 것처럼 느껴지기 때문이다.

회사에서 상사나 선배 앞에서 젊은 사원이 팔짱을 긴 자세를 취하는 것을 가끔씩 보는데, '오만' 하다는 인상을 줄뿐 결코 좋은 자세가 아니다.

그러나, 최근 젊은이들에게는 팔짱낀 자세에 새로운 의미 하나가 더 추가된 것 같다. 그것은 자신을 매만지고 자신을 위무하는 나르시시즘의 심리이다.

이것은 대인관계 속에서 자신을 살리기보다 자신이 좋아하는 취미나 기호에서 삶의 보람을 찾는, 즉 '대자관계' 에 중점을 두는 생활방식이다. 따라서 젊은 사람이 팔짱을 끼는 것은 상대방에 대한 거절이라기보다, 자신을 사랑하고 소중히 하려는 새로운 생활방식의 표현인 경우가 많다.

여성이 팔짱을 끼고 있는 모습은 별로 눈에 띄지 않는데, 그렇다고 해서 여성에게는 '거절'이나 '거부'의 심리가 없다고 생각하는 것은 속단이다. 여성에게도 '거절'이라는 상대방의 심리를 표출하는 손의 움직임이 있다.

예컨대, 사무실 같은 곳에서 책상 위에 팔꿈치를 긴 채 손을 각지 끼는 자세 같은 것이 그것이다. 이것은 남성들이 팔짱을 끼는 것과 완전히 동일한 상대방의 심리를 표출하는 것이라 볼 수 있다. 손으로 담장을 만들어 상대를 거절하는 것이다.

이밖에도, 거절이나 방어의 심리를 표현하는 또 다른 손의 움직임이 있다.

가령, 아파트에서 혼자 생활하는 독신여성의 방에 아주 끈질긴 세일즈맨이 방문했다고 치자. 그런 경우, 여성은 비록 문은 열었다 해도 방안에는 결코 세일즈맨을 들여놓지 않겠다는 듯이 손바닥을 앞으로 내밀어 완강하게 거절하려고 들것이다.

원래 인간의 손은 손등보다 손바닥이 중요한데, 그 손바닥을 상대방에게 보이며 거절한다는 것은 상당히 강경한 거절의 의사표시로 봐야 할 것이다.

생각에 잠기면 손이 움직인다

팔짱을 낄 때, 우리가 종종 볼 수 있는 손의 움직임이라면 손을 머리에 대는 동작이 아닐까 싶다. 이것은, 머리를 써서 생각하고 있는 것을 강조하여 뭔가 좋은 생각을 짜내거나 정리하려 할 때 보이는 동작이다.

경우에 따라서는, 머리를 톡톡 친다거나 머리칼을 쓰다듬어 올리고 때로는 관자놀이에 손을 대보기도 한다. 또 사고의 속도가 빨라지면 손의 움직임도 빨라진다. 손의 움직임은 사고의 속도와 정비례하는 것이다. 새로운 아이디어가 떠오를 때 머리를 쓰다듬는 템포가 빨라지는 것도 그 때문이다.

똑같이 생각을 굴릴 때도 머리에 손을 대는 것이 아니라, 턱을 괴는 경우가 있다. 이것은 편안히 앉아서 생각에 잠겨있음 을 나타낸다. 사고의 움직임도 그렇게 빠르지 않고 집중도도 비교적 약하다.

또 이와는 달리 주먹으로 손바닥을 탁탁 친다거나 손가락뼈를 우두둑 소리 나게 꺾어 보이는 수가 있다. 이것은 체력에 자신이 있는 타입에 많은데 상대방을 위협하는 동작이다.

그러나, 이럴 때 머리 안에서는 별로 사고가 움직이지 않고 있는 경우가 많다. 따라서 이런 상대방에 대해서는 위협에 굴하지 말고 이치를 따지는 것이 쉽게 상대방을 무너뜨릴 수 있는 방법이다 반대로, 똑같이 감정을 드러내면 서로의 감정이 격화되어 수습하기 어려운 지경으로까지 일이 확대되는 수가 있다.

여성에게서 많이 보이는 동작인데, '저' 라고 말하면서 자신의 가

슴을 손가락으로 가리키는 동작을 보이는 수가 있다. 이것은 스스로에 대해 자신이 없고 실재감이 결여되어 있기 때문에, 일일이 자신을 가리켜 존재를 확인하는 것으로 볼 수 있다.

남성처럼 활동적인 여성보다 여자다운 여성에게 많으며 일종의 나르시시즘이라고 할 수 있다.

다리의 움직임은 손보다 단순하다

그런데 손의 움직임에 비하면 다리의 움직임은 비교적 적다.
하반신이기 때문에 그다지 눈에 띠지 않는다는 것도 있지만, '다리의 움직임'은 감정의 고양 정도를 나타내는 경우가 많아 손보다 단순하다고 할 수 있다. 감정이 고조되면 무릎을 떨거나 발을 구른다거나 심지어는 뛰어오르는 등의 동작이 표출된다.

이와 관련하여 말하면, 음악에서도 록 음악 같은 계열의 사운드는 다리로 장단을 맞추며 몸을 흔들지만 음이 복잡해짐에 따라 손의 섬세한 움직임이 없으면 음을 따라갈 수가 없게 된다. 따라서 다리는 감정의 바로미터라고 보면 좋을 것이다.

다만, 다리를 꼬는 동작에는 적지 않은 인간관계의 특징이 담겨져 있다 가령, 세일즈맨은 일요일에 가정방문을 했을 때 상대편 부부가 다리를 꼬는 특징에 주목한다고 한다.

사람은 꼬인 다리를 때로 풀고 바꿔 꼬는데, 남편과 아내 가운데 누가 먼저 바꿔 꼬느냐에 가정 내의 우위와 열위가 나타나는 경우가 많기 때문이다.

먼저 아내가 바꿔 꼬고 남편이 뒤따를 때는, 아내의 우위로 판단하고 아내에 대해서 적극적으로 나가면 90%는 성공이라는 것이다. 그 반대의 경우는 물론 남편 우위가 된다.

이런 식으로 판단하면, 회사 내에서의 서열과 사제관계 등도 보다 분명해진다.

다리를 꼬는 자세나 그 자체를 봐도 당당하게 꼬는 사람은 자신에 넘쳐 있고, 뭔가 조심조심 한쪽 다리를 살짝 올려놓는 사람은 역시 자신감이 부족하고 불안을 품고 있다고 볼 수 있을 것이다.

손발의 움직임으로 알 수 있는 상대방 마음 13가지

1. 팔짱 낀 자세는 상대방으로부터 자신을 지키겠다는 기분과 동시에 필요에 따라서는 언제라도 반격하겠다는 기분의 표출이다.
2. 팔짱을 끼는 것은 오만불손을 상징하는 자세이다.
3. 특히 최근의 젊은 세대가 팔짱을 끼는 것은, 나르시시즘의 표현인 경우가 많다.
4. 여성이 팔꿈치를 괴고 손의 깍지를 끼는 것은, 상대방에 대한 거절의 기분을 담고 있다.
5. 상대방 앞에서 손바닥을 벌려 보이는 것은 강한 거절감정의 표현이다.
6. 머리에 손을 대거나 머리를 손으로 두드리는 것은, 사고에 몰두하고 있음을 나타낸다.
7. 머리에 댄 손이 심하게 움직이는 것은, 사고가 잘 전개되지 않음을 나타낸다.
8. 턱을 괴고 있을 때는 별로 심각한 생각을 하고 있지 않은 경우가 많다.
9. 주먹으로 손바닥을 치다거나 손가락을 꺾어 우두둑 소리가 나게 하는 것은, 상대방을 위협하는 것으로 볼 수 있는데 사고가 동반되지 않은 경우가 많다.
10. 여성이 자신의 가슴을 가리키는 것은, 자신의 존재감이 희박하기 때문에 발생하는 동작으로 일종의 나르시시즘이라고 할 수 있다.
11. 이야기 도중에 먼저 다리를 꼬는 것은 상대방에 대해 우위에서 있음을 나타내려는 것이다.
12. 당당한 태도로 다리를 꼬는 사람은 매사에 자신감을 갖고 있다.
13. 다리를 꼬는 태도가 소극적인 사람은, 마음속에 뭔가 불안감이 있을 가능성이 많다.

6

버릇에도 욕구와 감정이 담겨져 있다

버릇을 분석하여 상대방의 심리를 파악한 프로이드

"세살 버릇 여든까지 간다."
속담에 이런 말이 있는 것처럼 사람들은 누구나 버릇을 가지고 있는데 사람마다 여러 가지 버릇이 있다.
이야기를 하면서 자꾸 손을 입에 갖다대는 버릇, 담배 필터를 질근질근 씹는 버릇, 쉴 새 없이 무릎을 흔드는 버릇 등 버릇의 종류도 천차만별이다.
이 버릇에, 그 사람의 무의식적인 상대방의 심리가 감춰져 있음을 과학적으로 해명한 사람이 저 유명한 프로이드이다. 간과하기 쉬운 버릇에, 의식 밑의 세계기 반영됨을 민간하게 간파한 프로이드야말로 심리술의 창시자라고 할 수 있다.
프로이드의 저서에, 그의 제자였던 피스터라는 목사가 어느 학생의 기묘한 버릇을 통해서 본인도 깨닫지 못하고 있던 마음의 고민을 발견한 예가 소개되어 있다.
피스터는 설교 중에 자신의 이야기를 열심히 듣고 있는 한 학생이 자꾸 손가락을 코에 갖다대며 인상을 쓴다는 것을 알았다. 이것은 비교적 자주 보는 버릇의 하나인데, 그는 그 학생의 버릇이 '성적인 유혹' 과 관련된 이야기가 설교 안에 나올 때만 나타난다는 사실을 깨달았다.
그래서 피스터는 일부러 설교가 끝나갈 무렵 섹스 이야기를 해봤다. 그러자 역시 학생은 손가락을 코에 갖다대는 것이었다. 그는 학생의 버릇에서 성적인 고민을 간파했다.

예상대로 학생은 몇 개월 후 자위행위에 따르는 죄의식에 사로잡혀 밤에 잠을 못 이룬다며 목사에게 참회했다.

피스터의 결론은, 소년이 자위행위 후 손가락에 묻은 정액냄새를 불쾌하게 여기고 그것이 손가락의 냄새를 맡는 동작으로 나타나면서 급기야는 버릇으로까지 확대되었다는 것이다.

프로이드에 따르면, 감정이나 욕구의 억압 정도가 더욱 심해지면 버릇도 더욱 병적인 형태를 취한다고 한다.

그 대표적인 예로, 신혼의 신부가 매일 하녀 앞에서 항아리 하나씩을 깨지 않고는 결코 잠들지 못한다는 기이한 '취면 의식' 이야기가 유명하다.

이것은 초야의 성적인 결합이 원만치 않았는데, 그 사실을 하녀가 알고 있다고 생각한 신부가 항아리를 깸으로써 처녀성을 잃은 표시로 대용시키고자 했던 것이다. 즉, 열등감이 억압되면서 그것이 기묘한 버릇으로 표출된 경우이다.

내게 카운슬링을 받으러 온 사람 가운데 마주 앉으면 손을 세차게 비벼대기 시작하는 버릇을 갖고 있는 남성이 있었다. 표정은 거의 태연했으나 이야기가 시작되면서 손을 쥐어짜는 동작을 보이더니 급기야는 양손 모두 새빨갛게 변하고 말았다.

나는 이 버릇에서 대인공포증의 증상을 읽었는데, 이 사람의 경우에는 역시 유아기에 많은 사람 앞에서 아버지에게 혼난 이후, 사람 앞에만 나서면 지나치게 긴장되어 손바닥을 비벼대거나 손을 쥐어짜는

버릇이 생겨났음을 알게 되었다

버릇에는 성적 욕구, 적의, 반항심, 반사회적 욕구가 감춰져 있다

　프로이드는 병적인 버릇을 연구하여 억압된 상대방의 심리를 예리하게 분석하였다. 그런데 대체 버릇이란 무엇인가? 왜 감춰진 마음의 밑바닥이 버릇에 표출되는 것일까?
　말할 것도 없이 인간의 감정이나 욕구는 의식하든 의식하지 않든 간에 어떤 형태로든 바깥으로 나타나는 법이다.
　이러한 표출 행동이 반복되는 동안에, 어느 틈에 습관이 되고 그것이 고정화되어 무의식중에 바깥으로 드러나는 것이 일반적으로 버릇이라고 일컬어지는 행동이다.
　말하자면, 버릇에 의해서 그 사람 특유의 표출 패턴이 형성되는 것이다. 수도 없이 표출되는 동안에 고정된 버릇에 그 사람의 내부에 뿌리박고 있는 욕구나 감정이 나타나는 것도 당연하다.
　가령, '불쾌'라는 감정을 나타내는 데는 '눈썹을 찡그린다'는 표출 행동이 있는데, 자꾸 눈썹을 찡그리는 동안에 이것이 습관화되어 눈썹 사이에 주름이 잡히게 된다. 이윽고 눈썹을 찡그리는 것이 버릇이 되는 셈이므로, 이 버릇을 보면 그 사람의 불쾌감이 정신생활의 큰 부분을 차지하고 있음도 쉽게 이해할 수 있을 것이다.
　동시에, 본인으로서는 버릇을 통해서 감정을 표출하는 루트가 마치 바람이 잘 통하는 통풍구처럼 확립되어 있기 때문에, 정신적인 밸

런스를 유지할 수 있어서 안심할 수 있다는 이점도 있다. 게다가 표출 행동의 고정화에 다시금 박차가 가해짐으로써 버릇은 더욱 강하게 정착된다.

물론 같은 버릇이라도 그리 심각한 의미를 갖지 않는 것도 있다. 생선장수의 위세가 등등한 것도 하나의 버릇이며, 세일즈맨의 손바닥 비비기도 본인은 무의식중에 행하는 버릇이다. 어느 것이나 직업과 사회적 지위에 따라 오랜 관습이나 사회적 연기가 몸에 배어 습성이 되는 것이다.

문제는 욕구불만이나 콤플렉스와 같은 일상생활에 마이너스 영향을 미치는 심리가 즉각적으로 표출되지 않고 다른 형태로 고정화된 경우이다.

이와 같은 심리는 표출을 방해 받으면서 끈덕지게 그 사람에게 달라붙어 있었기 때문에 버릇이 되기까지 꽤 많은 시간이 걸렸을 것이다. 그런 만큼 그 버릇에 상대방의 심리가 상당히 선명하게 새겨져 있을 것이다.

수도호스 입구를 눌러 흐름을 저지하면 역류가 시작되어 이제까지 생각지도 않았던 호스의 틈새로 물이 분출되는 일이 있다. 인간의 감정도 이와 마찬가지로 호스의 출구로 물이 흘러나오듯 직선적으로 표출되면 문제가 없다. 그러나 그 감정이 억압되면 다른 특이한 표출 형식을 취할 수밖에 없는 것이다.

버릇에는 성적욕구, 적의, 반항심, 반사회적 욕구 등 직선적으로 표출하기 힘든 무의식적인 욕구와 감정이 담겨 있는 것도 그 때문인 것이다.

버릇은 언제쯤 표출되는가?

　자기의 감정이나 욕구가 억압되었을 때 버릇이 표출되기 쉬움은 이미 미국에서 실시된 커닝실험에서도 뚜렷이 증명되었다.
　"해답을 보지 말라?"
　이 실험은 피험자에게 어려운 문제를 준 후, 그 앞에 해답을 놓고 당부의 말을 남기고 실험자가 방을 나가는 것이다. 물론 실험자는 거울 같은 것을 이용하여 피험자가 모르게 그 행동을 관찰한다.
　그 결과 피험자는 당연히 커닝을 하는 피험자와 정직하게 문제를 해결하는 피험자로 나뉘었다. 그런데 재미있는 것은 손가락을 깨물고, 엄지손가락을 빨고, 손등을 쓰다듬는 등의 버릇을 표출한 자가 정직한 피험자 중에는 83%이었다. 반면 커닝한 피험자 가운데는 48%밖에 되지 않았다는 점이다.
　머리를 긁적거리거나 머리카락을 손가락에 감는 버릇, 코를 비롯하여 신체 각 부분의 냄새를 맡는 코의 활동도 정직한 피험자 그룹은 커닝그룹의 2배 가까운 표출율을 기록했다.
　이 실험을 통해서 알 수 있듯이 해답을 보고 싶다는 욕구를 억압하여 자신을 채찍질하는 동안 무의식중에 각자의 버릇이 나오는 것이다. 또한, 버릇은 각자에게 독특한 것이기는 하지만 보통사람들 사이에 상당한 공통점이 있음도 알 수 있다.
　시험장 같은 곳에서 관찰해 봐도 문제를 푸는데 고심할 때, 여기저기서 머리카락을 긁적거리거나 손톱을 깨무는 광경을 볼 수 있다. 이와 같이 자주 눈에 띄는 버릇을 분석해 보면, 일상적인 인간관계 안에서 상대방의 심리를 간파하는 중요한 무기로도 활용할 수 있다.

다만 여기서 주의할 점은, 아무리 자신이 욕구를 억압해도 상대와 장소에 따라서는 버릇이 나오지 않을 수도 있다는 것이다.

가령, 부끄러움을 느낄 때면 반드시 손가락을 입에 무는 여자아이를 나는 알고 있다. 그런데, 어머니가 옆에 있으면 결코 이 버릇이 나오지 않는 것이다.

어머니에게 꾸중을 듣기 때문은 아닌 것 같은데, 손가락을 입에 가져가다가 딱 멈추는 것이다. 이때의 어머니를 보면 그 눈이 깜빡이는 것을 알 수 있다. 어머니에게 그 사실을 말하면 전혀 의식하지 못했다는 대답이 나온다.

회사를 찾아가 응접실에서 사원과 이야기를 나눌 때도, 뒤에서 과장 같은 상사가 들어오면 이제까지 표출하던 버릇을 그쳐 버리는 경우를 종종 볼 수 있다.

물론 누구나 이런 행위를 하는 것은 아니지만, 자신에 대한 영향력이 커다란 상대방이 있을 때일수록 버릇을 표출하지 않게 된다고 할 수 있다.

이야기할 때 손으로 입을 가리는 버릇이 있는 여성은
상대방을 자신에게 이끌려 하고 있다

이야기가 약간 복잡해졌으므로, 여기서 구체적으로 우리가 종종 목격할 수 있는 버릇에 어떤 상대방의 심리가 감춰져 있는가를 살펴보기로 하자.

먼저 머리카락을 매만지는 습관인데, 일반적으로 신경질적이고 자신에 대해 민감한 성격의 소유자가 많은 듯하다.

가령, 여성이 이야기를 하면서 자주 앞 머리카락을 만지작거린다거나 자꾸 머리카락을 잡아당기는 경우가 있는데, 이런 여성은 제멋대로인 성격을 가지고 있을 가능성이 많다.

이런 여성은, 자꾸 자신에 관한 이야기를 꺼내기도 하고 자신에 대한 비평이라면 뭐든지 듣고 싶어 하는 타입으로 이야기가 다른 화제로 옮겨가면 반드시 이 버릇이 나온다.

귓불을 잡아당기는 버릇이 있는 사람도 자주 볼 수 있다. 상대방이 이야기를 하는데 귀에 손을 대는 것은 별로 기분 좋은 습관이 아니다. 그런데 줄리어드 퍼스트의 『보디 랭귀지』라는 책에 의하면, 이것은 상대방의 이야기를 제지하고 싶다는 욕구의 표출이라고 한다.

우리는 어렸을 적에 학교에서 손을 들고 발언하는 습관을 익히는데, 이것이 버릇이 되어 손을 들고 싶지만 너무 과하므로 귓불을 만지는 것으로 만족한다는 것이다.

손은 종종 상대를 제지하는데 사용되므로, 이야기를 중단시키고 싶다는 생각에 문득 손이 귓불로 가는 것은 충분히 납득이 가는 행위이다. 여성의 경우에는 머리카락을 잡아당기는 것과 마찬가지로 신경질적인 성격의 표출일 때가 많다.

이제는 입에 대해서 알아보자.

"연필을 씹는 것이 싫다."

"손톱을 깨무는 것도 기분이 나쁘다."

"담배를 재떨이에 얹어 놓았을 때 필터 부분이 침에 젖어 번들거리는 것은 정말 불쾌하다."

"껌을 한없이 씹는다."

직장여성들한테 남성들의 나쁜 버릇을 들어보라고 하면 유독 입과 관련된 것이 많다. 이와 같은 버릇들은 모두 미성숙한 남성의 특징이라고 하겠다.

프로이드는 인간의 섹스가 구순(口脣: 입과 입술) ― 항문 ― 성기의 순으로 성숙해 가는 것이 보통인데, 이 과정 사이에서 어떤 원인으로 인해서 성숙이 정지하면 미성숙한 성격이 성인이 되어도 남는다고 지적했다.

직장여성들은 이러한 남성의 '아동스러움'을 무의식중에 싫어하는 것이다.

한편, 입을 손으로 가리는 사람 가운데는 선천적으로 내성적인 성격인 데다가 사회에 쉽게 순응하는 타입이 많다. 특히, 웃을 때 손으로 이를 가리는 사람에게 그런 경향이 강하다.

미국의 어느 심리학자는, 치열이 고르고 웃을 때 일부러 이를 드러내 보이는 카터 대통령에 대해 '권력지향성이 매우 강하다'고 비평하고 있는 것처럼, 입을 가리는 것은 그 반대의 성격이라 볼 수 있을 것이다.

여성의 경우는 남성과 달리 입이 작은 것이 미인의 조건처럼 되어 있어서, 입을 크게 벌리고 웃는 것은 버릇없는 짓이라고 교육받은 핸디캡이 있다. 따라서 자연스럽게 입에 손을 갖다대는 버릇은 대부분의 여성들이 갖고 있는 습관이다.

다만 그 중에는 이야기를 할 때도 입을 가리는 극단적인 여성이 있다. 이것은 자신의 여성다움을 강조해서 상대방을 자기에게로 끌어들이려는 감춰진 욕구의 표출로 생각할 수 있다.

버릇은 욕구불만이 오랫동안 남아 있다가 관성화된 것이다

얼굴에 나타나는 버릇에는 표정 항목에서 언급한 여러 증상이 '버릇화' 된 것이 많다. 얼굴을 씰룩거리고, 눈을 깜빡거리고, 눈썹을 찡그리는 등의 버릇이 그것이다.

이와 같은 버릇은 욕구불만이 오랫동안 남아 있다가 관성화되었음을 나타낸다. 직장에서 이와 같은 버릇이 자주 나타난다면 직장의 환경이 나쁘다고 판단할 수 있을 것이다. 사원들 사이에 욕구불만이 팽배해 있다는 증거라고 할 수 있다.

얼굴과 관련된 버릇 이야기가 나온 김에 한마디 더 한다면, 미국의 전직 대통령 닉슨이 워터게이트 사건으로 심하게 추궁을 당했을 때다. 그는 무심코 양 볼과 턱 등 얼굴 각 부분을 자주 쓰다듬는 버릇을 노출한 적이 있었다.

이것은 심리적인 자위행위이다. 자신감이 강한 사람에게 많은 버릇인데, 약점을 지적 받고 자신의 취약함을 깨달았을 때 자신도 모르게 나오는 행동이다.

닉슨이 아니더라도, 회의석상 같은 장소에서 이런 버릇이 눈에 띄게 나타나면 상대방이 곤경에 처해 있다고 판단해도 좋을 것이다.

우리나라에서도 얼마 전에 청문회나 국정조사를 통해 증인이나 각 부처의 장관들이 국회의원들의 심문에 곤혹스러운 표정과 함께 궁지에 몰려 여러 차례 얼굴부위를 만지거나 손수건으로 얼굴의 땀을 닦는 장면이 여러 번 눈에 띄었다.

이것 역시, 얼굴을 만지는 버릇과 마찬가지로 자신의 약점을 무의식중에 덮으려는 욕구가 얼굴을 덮는다는 버릇으로 나타난 셈이다. 또한 종종 턱을 괴는 습관도 같은 상대방의 심리의 표출일 수가 있다.

한편 눈길을 하반신으로 돌려보면 여기에도 다양한 버릇이 있음을 알 수 있다. 가령, 맞선보는 자리에서 보면 재미있는 버릇이 눈에 띄게 마련이다.

상반신은 여성의 추이에 주목하여 꼼짝 않고 앞을 응시하고 있으면서도, 그와 반대로 하반신이 격심하게 움직이고 있는 것이다. 소위 무릎떨기이다.

이것은 심리적으로 불안한 상태에 있을 때 나오는 버릇이다. 이 버릇은 이야기가 자신의 뜻대로 진행되지 않는 것에 대한 초조감을 나타내는 적신호이다.

정신신체의학에서는, 신체의 일부에 작은 자극을 반복해서 가하면 신경중추를 통하여 뇌가 자극을 받아 정신이 이완된다고 설명한다. 이 점에 입각해 본다면, 무릎 떨기는 긴장을 해소하려는 노력의 표출이라고 볼 수 있다.

또한, 젊은 사람들에게서 자주 보이는 것은 앉아 있으면서 다리를 정신없이 꼬았다 풀었다 하는 버릇이다. 분위기나 불편한 자리인 경우, 사꾸 이 버릇을 보이면 그가 불안해하고 있다는 것을 바로 알 수 있다. 즉, 초조해 하고 있는 것이다.

그러나 이것이 여성의 경우가 되면 성적인 의미가 추가된다.

남성에 대한 강한 관심을 나타내는 수가 있다는 것이다. 스커트의 주름을 만지작거린다거나 허리를 미묘하게 비트는 동작과 함께 여성의 욕구가 엿보이는 버릇이다.

버릇으로 알 수 있는 상대방 심리 12가지

1. 머리칼을 만지는 버릇은 신경질적이고 자신에 대해서 민감한 성격의 소유자임을 나타낸다.
2. 이야기를 하면서 머리칼을 잡아당기는 여성은 제멋대로인 여성이다.
3. 귓불을 잡아당기는 버릇은, 상대방의 이야기를 막고 싶은 욕구의 표출이다.
4. 연필, 손톱, 담배를 씹는 버릇이 있는 남성은, 성적으로 미성숙한 것을 나타낸다.
5. 자신의 입을 가리는 버릇이 있는 사람은, 내성적이고 사회에 순응하는 타입이다.
6. 이야기할 때 입을 손으로 가리는 여성은, 상대방의 관심을 끌려는 의도를 가지고 있다
7. 만성적인 욕구불만이 있는 사람은 얼굴을 실룩거리고, 눈을 깜박거리고, 눈썹을 찡그리는 등의 틱증상이 '버릇화' 되어 있다.
8. 손으로 자꾸 얼굴을 만지는 버릇은, 자신 있는 사람이 자신의 약점을 깨달았음을 나타낸다.
9. 턱을 괴는 버릇은 자신의 약점을 커버하려는 의도의 표출이다.
10. 무릎 떨기는 초조감의 표출이며 그 긴장감을 해소하려는 무의식적인 노력의 표현이다.
11. 다리를 자주 꼬았다 풀었다하는 버릇은, 안정감이 결핍되어 있음을 나타낸다.
12. 여성이 앞에서와 같은 버릇을 보이면, 상대방인 남성에 대해 강한 관심이 있다고 볼 수 있다.

7

옷은 인간의 개성을 표현한다

옷은 '자아'의 연장

 2000년 11월, 아프리카의 어느 나라에서 여성의원들이 바지차림으로 의회에 출석했다고, 남성의원들은 일제히 '신성한 의회를 모독하고 있다'느니 '그런 차림으로는 ○○장소에나 가라'느니 하며 한바탕 소동이 일어났다고 한다. 물론 여성의원들과 일반여성들은 일제히 반발했다.
 지난 수년간 옷이 인간의 개성을 표현하는 것이라는 생각이 침투한 때문인지 우리 눈에 띠는 사람들의 복장은 참으로 다채로워졌다.
 옛날엔 한마디로 말해서, '걸맞은 옷'을 입는 것이 패션의 원칙이었다. 좋은 옷과 값나가는 옷을 입는 것은 그 값에 걸맞은 사회적 지위를 나타내고 또 직업에 따라 걸맞은 옷이 있었다.
 색상이나 무늬도 연령에 따라 젊으면 밝고 화려한 것, 나이를 먹으면 어둡고 수수한 것으로 대충 정해져 있었다.
 다시 말해서, 복장은 그 사람이 사회적으로 어떤 위치와 직업에 속해 있는가를 일차적으로 나타내 주었던 것이다. 그런 만큼 그 사람의 내면적인 것은. 색상이나 무늬가 나이에 비해 수수한 것을 골랐다든지 화려한 것을 좋아한다든지 하는 것으로 판단하는 정도였다.
 그런데 이제 사정은 완전히 뒤바뀌고 말았다. 현재는 '걸맞게 입는다'는 의식이 적어졌다.
 가령, 내가 알고 있는 출판사의 편집장은 모르는 사람이 보면 아무리 봐도 연예프로덕션 사장으로 밖에 보이지 않는 재킷을 입고 있다. 옛날과 달리 복장만으로 그 사람의 직업을 추측하기란 이제 거의 불가능하다.

이것은 입는 쪽의 심리가 입는 옷에 의해 직업이나 경제력을 평가받고 싶지 않다든지 개성을 크게 발휘하고 싶다는 경향으로 바뀐 증거라고 볼 수가 있다.

거꾸로 말해서, 몸에 걸친 것에 그 사람의 내면이 보다 직선적으로 표출되게 되었다는 것이다. 각기 제멋대로 옷을 입고 개성을 발휘하고 있다.

"의복은 제2의 피부다."

복장은 그것을 입고 있는 사람의 성격이나 심리상태를 아주 정확하게 표현하는 법이기 때문이다.

학생들이 모두 학생복을 입었을 때는 설사 담당 선생님이라 할지라도 오랜 시일이 지나지 않고는 좀처럼 파악되지 않던 학생들의 성격이나 심리가, 최근에는 처음 자기소개를 할 때부터 대충 짐작이 가게 되었다는 것이다.

사람은 나체, 즉 참된 자신을 감추기 위해서 옷을 입는 것이다. 그러나 실제로는 무엇인가를 걸침으로써 거꾸로 자신을 나타내게 되었다. 왜냐하면 그 사람이 스스로 몸에 걸친 옷은 벌거벗은 육체를 통해 알 수 없는 그 사람의 내면심리를 표현해 주고 있기 때문이다.

그런 의미에서 옷은 그 사람과 뗄 수 없는 몸의 일부, 아니 오히려 '자신 그 자체'라고 생각해도 결코 잘못이 아니다. 그 사람의 자아가 그 사람의 내면으로부터 바깥으로 얼굴을 내미는 셈이다. 이것을 심

리학에서는 '연장자아(延長自我)' 이라고 한다.

 '연상자아'의 이론에 따르면, 인간은 옷이나 액세서리로 치장함으로써 거꾸로 나체가 되는 것이다.

미국 카터 대통령은 왜 청바지를 입었는가?

 그런데 실제로 복장을 관찰하여 상대방의 심리를 간파하려면 어떤 포인트에 주목하는 것이 좋을까?
 가령, 길거리에서 '어' 소리가 절로 나올 만큼 희한한 복장을 한 사람을 가끔 만난다. 이런 사람의 심리는 비교적 간단히 파악할 수 있다. 그리고 그 사람의 사회적 지위나 처한 장소로 미루어 의외다 싶은 옷을 입는 사람의 심리도 쉽게 간파할 수 있다.

미국의 카터 대통령은 청바지를 즐겨 입었다고 한다. 백악관에서 각료회의를 주재할 때도 청바지를 입었다고 한다. 청바지는 성, 연령, 계층, 직업을 초월한 옷으로 알려져 있다.

카터의 의도는, 미국 대통령으로서 모든 사람의 친구임을 청바지로 표현한 것일지도 모른다. 아마도, 보디랭귀지 이론에 입각한 것이라고 생각된다.

그러나 심리술로 이것을 해석해 보면, 표면적으로는 자신이 무엇인가 특별한 사람임을 부정하면서까지 달성하고 싶은 의도가 있다는 것, 그리고 그런 자신감이 있음을 나타내고 있다고 생각할 수 있다. 그 저변에는 강렬한 자신감이 도사리고 있는 것이다.

또 하나, 이번엔 미국의 영화 〈대부〉에 등장한 갱 두목들의 옷을 떠올려 보자. 왠지 모두 굵은 세로줄 무의의 감색양복을 입고 있다. 그런데, 이와 똑같은 양복을 입고 있는 인간들이 우리에게도 있다.

국회의원이나 기업의 경영자들이다. 이것은 우연의 일치가 아니다. 되도록 자신을 크게 보이고자 하는 심리가 옷으로 나타나는 셈인데, 말하자면 자기과시욕의 심리이다.

감색이란 적색과는 반대로 안정된 이미지를 나타내는 색이므로, 굵은 세로줄무의 양복은 자기과시와 동시에 자신의 지위가 사회적으로 안정된 것임을 나타내고 싶은 원망도 표현하고 있다.

뒤집어 말해서, 갱 두목의 경우를 생각해 보면 쉽게 알 수 있듯이 끊임없이 자신의 위치가 위협받고 있다는 불안감에서 비롯된 것이다.

국회의원이나 경영자라고 해서 누구나 다 굵은 줄무늬의 감색양복을 입는 것은 아니지만, 이런 양복을 즐겨 입는 사람은 표면적으로는 호걸풍으로 보여도 실은 마음이 약한 사람이라고 할 수 있다.

화려한 옷과 수수한 옷이 나타내는 상대방의 심리

이와 마찬가지로, 군중 속에 있어도 쉽게 눈에 띄는 화려한 옷도 그 상대방의 심리를 간파하기가 쉽다.

화려한 옷을 즐겨 입는 것은, 예로부터 말하듯이 자기과시욕이 강함을 나타내거니와 이런 화려함이 정도를 넘으면 소위 '날라리' 옷이 된다.

일반적으로, 이와 같은 옷을 즐기는 사람은 자기과시욕이 강함은 물론이지만 히스테리컬한 성격인 경우도 많다. 아울러 금전욕이 정도 이상으로 강한 경우도 적지 않은 듯하다.

넥타이 같은 것을 원색만 고르는 사람이 있다. 이런 타입에 속하는 사람은 자아가 강해서 좋게 말하면 성공할 가능성이 있지만, 조직으로부터 이탈하기 쉬운 사람이라고 하겠다. 반대로, 항상 노타이 차림을 즐기는 사람도 뒤집어 말하면 타입으로서는 동질이다.

수수한 옷을 즐기는 사람은 어떨까?

이런 타입은 좋게 말하면 체제순응형, 나쁘게 말하면 주체성이 결핍된 성격인 경우가 많다. 그런데 그 중에서도 한 가지만 가령, 넥타이나 또는 구두 등을 화려한 것으로 고르는 사람이 있다. 이것은 체제

순응형이면서 어딘가 개성적인 자기주장을 가진 타입이다.

그러나 이와는 다른 해석이 성립되는 경우가 있다. 그것은, 이와 같이 눈에 띠기 쉬운 포인트를 만듦으로써 자신의 용모와 관련되는 약점을 커버하려는 경우이다.

가령, 얼굴에 별로 자신이 없는 여성이 초미니스커트를 입는다거나 머리가 벗겨진 남성이 호화로운 외제구두를 신는 경우가 그것이다. 이러한 타입은, 용모의 약점에 대해서 상당한 콤플렉스를 가지고 있을 가능성이 많다.

또 하나, 옷과 뗄 수 없는 관계에 있는 유행과 인간의 심리와의 관계를 살펴보기로 하자.

"변덕이 심하고 귀찮은 여신."

프랑스의 계몽사상가 볼테르가 유행을 일컬어 이렇게 비아냥거린 것처럼, 그 '여신'의 유혹에 쉽게 빠지는 사람이 있는가 하면 전혀 나 몰라라 하는 사람도 있다.

일반적으로 말해서, 여성이 유행에 민감하며 유행을 잘 탄다. 그것은 여성 특유의 심리학에서 말하는 '동조성(同調性: conformity)'이라는 기질에서 유래하는 것인데, 최근에는 남성들도 유행을 쫓는 경우가 자주 눈에 띈다.

이런 사람들은 한마디로 말해 체제순응형이다. 그것은, 동시에 자신에 대한 불신감의 표현이기도 하다. 이걸 뒤집어 말하면, 상대방에 대한 권위(위신)를 갖고 싶다는 심정의 발로이다. 즉, 열등감에 대한 보상심리의 작용이라는 것이다.

옷을 입는 기호가 갑자기 바뀌면 요주의

그런데 개중에는 자신의 기호를 전혀 무시하고 단지 유행한다는 이유만으로 유행을 좇는 사람이 있다. 이런 사람은 마음 밑바닥에 항시 고독감이 자리 잡고 있으며 정서도 불안한 경우가 많다.

반대로, 유행에 대해서 전혀 무감각한 사람은 개성이 강한 타입이라고 할 수 있다.

그러나 어떤 콤플렉스로 인해 자신의 껍질 속에 틀어박혀 상대방과 '동조화' 되면 자아가 상실되지나 않을까 하는 불안을 안고 있는 사람도 많다. 이런 사람과 일이나 놀이를 같이 하면 사소한 일에까지 자신을 관철시키려고 해서 적지 않은 알력이 발생하게 된다.

아울러, 이 양자의 중간에 위치하는 타입으로써 유행을 자기 나름으로 변형시켜 받아들이는 사람이 최근에 들어 늘고 있다. 이러한 타입은 자기주장이 적당한 사람이다.

마지막으로, 옷을 통해서 상대방의 심리를 판단할 때 중요한 단서가 되는 것들 가운데 하나인 복장의 변화에 대해 살펴보자.

옷에 그 사람의 기호가 반영됨은 당연한 것이다. 스타일이나 색조, 또는 무늬에 대한 기호가 있거니와 책상 위에 상의를 내팽개쳐 놓아도 그것이 누구 것인가 하는 것이 대충 짐작은 가는 법이다.

그런데 개중에는 만날 때마다 그 기호가 달라져서 전혀 감을 잡을 수 없는 차림새를 하는 사람이 있다. 이런 사람은 정서가 불안정하다. 또는, 단조로운 일에서 해방되어 변화가 있는 생활을 즐기고 싶다는 현실도피의 원망이 표현된 것으로 볼 수도 있다.

아울러, 이제까지는 한결같은 색조의 옷을 입던 사람이 갑자기 전혀 다른 색조의 옷을 입는 경우도 있다. 언제나 변함없이 정장을 하던 사람이, 어느 날 화려한 재킷에 코르덴바지, 거기에다 꽃무늬 넥타이까지 매고 회사에 출근했다면 "웬일이십니까?" 하고 묻고 싶어지기까지 한다.

이런 사람은 반드시 라고 해도 좋을 만큼 물리적이든 정신적이든 마음속에 무엇인가 지금까지의 생각에 자극을 주는 변화가 일어난 것이다. 그리하여 새로운 결의를 자신의 심리에 품고 있는 경우가 많은 것이다.

복장으로 알 수 있는 상대방 심리 12가지

1. 사회통념에 반한 옷을 입는 사람은 강렬한 우월감을 갖고 있다
2. 사이즈보다 큰 옷을 입는 사람은 자기과시욕이 강하다.
3. 굵은 줄무늬의 감색양복을 즐기는 남성은, 자신의 지위에 대한 불안이 있고 마음이 약한 사람일 경우가 많다.
4. 극단적으로 화려한 옷을 입는 사람은 자기과시욕, 금전욕이 강하고 히스테리컬한 성격이다.
5. 넥타이 같은 것을 화려한 원색으로 고르는 사람, 그리고 노타이를 즐기는 사람은 자아가 강하다.
6. 수수한 옷을 입는 사람은 체제순응형이며 주체성이 결핍되어 있다.
7. 전체적으로는 수수해도 어느 하나만은 화려한 것을 입는 사람은, 체제순응형이면서도 개성적인 자기주장을 가진 타입이든가, 용모에 대해 콤플렉스를 가진 사람일 경우가 많다.
8. 유행에 민감한 사람은 체제 순응형이면서 자신에 대해 자신이 없으므로 그것을 커버하고 싶어 한다.
9. 자신의 기호와 관계없이 무턱대고 유행을 쫓는 사람은, 고독감이 있으며 정서도 불안하다.
10. 유행에 전혀 무관심한 사람은, 개성이 강하지만 모종의 콤플렉스를 품고 있는 경우가 많으며 협조성도 부족하다
11. 만날 때마다 옷의 톤이 바뀌는 사람은, 정서가 불안하고 현실도피의 원망이 강하다.
12. 옷을 입는 기호가 갑자기 바뀌는 것은, 심경의 변화 또는 새로운 결의를 품고 있는 경우가 많다.

8

말은 본성을 나타낸다

사람의 본성이 드러내는 5대 용어

초면인 사람과 이야기를 할 때, 사람들은 처음엔 체면을 생각해서인지 점잖게 말하지만 서로 격의가 없어짐에 따라 자세뿐만 아니라 말씨까지 풀어져서 그 사람 본래의 어투가 나오는 수가 있다.

어느 호텔 부사장은 종업원 채용시험을 볼 때, 입사생에 대해서 일부러 격식을 차리지 않은 소탈한 태도를 보인다고 한다. 젊은 사람들은 처음엔 얌전하게 대답하지만 이윽고 자신에게 익은 말씨가 나오고 만다. 이렇게 해서 그는 입사생들의 진면목을 탐지할 수 있다는 것이다.

아닌 게 아니라, 말씨는 그 사람의 많은 것을 밀해 주는 귀중한 정보의 원천이다. 지역마다 사투리나 방언이 있듯이 사람들은 각기 태어나고 자란 환경의 차이에 따라 특유의 말씨를 익힌다.

유명한 영화 〈마이 페어 레이디〉에서 신분이 천한 소녀가 상류계급의 사교계에 들어가기 위해 철저한 언어훈련을 받는 것도 말하자면, '말씨로 고향을 알 수 있다'는 어느 시대에나 변하지 않은 진리를 바탕에 깔고 있는 것이다.

이와 같이 말은 성장을 나타내며, 아울러 그것이 그 사람의 인격형성에 적지 않은 영향을 미친다는 사실을 간과할 수 없다. 그러나 이러한 사회적이나 계층적 또는 지리적인 언어사용의 차이 말고도 보다 개인적인 차원에서 차이가 드러나는 심리적인 말씨가 있다.

자기표현의 수단인 언어에는 당연히 다양하게 굴절된 그 사람의 심리가 알게 모르게 반영되어 있는 것이다. 자신이 표현하고자 하는 자아의식의 여하에 관계없이 그러한 표면적인 표현 내용과는 정반대 되는 그 사람의 실상이 말씨의 분석을 통해 드러나는 경우 또한 적지 않다.

그런 뜻에서, 본인이 의식하지 못하는 말씨의 특징이야말로 그 언어 내용보다 훨씬 웅변적으로 그 사람을 말해준다고 할 수 있다. 그것을 착안점에 준하여 크게 나누면 다음의 5가지 포인트가 있다.

① 자신에 대한 자신의 의식이 나타나는 '나'를 가리키는 '인칭어'
② 상대방의 말에 자신의 심리가 기탁되는 '차용어'
③ 상대방과의 관계에서 그 사람의 의식이 표출되는 경어 따위의 '인간관계어'
④ 성(性) 따위의 의식의 여하에 콤플렉스가 표출되는 '사고어'
⑤ 접속사의 사용방법 등, 그 사람의 사고형태가 표출되는 '사고어'

이야기 도중에 나타나는 '나'에는 무엇이 감춰져 있는가?

위의 순서에 따라 각각에 대해 언급해 보겠다.

먼저, 자신을 가리키는 일인칭 '인칭어'에 대해서인데, 여기에서는 당연히 그 사람 자신에 관한 의식이 반영되어 다양한 심층 심리적 정보를 제공한다.

가령, 매스컴에 자주 등장하는 어느 지사(知事)의 이야기를 듣고 있으면 자꾸 '나' 란 단어가 등장한다.

"나는 그렇게 생각하는데 여러 장애가 있고, 나로서는 그렇게 하고 싶지만 역시 내 의향만으로는……,"

자신을 '나' 라고 부르는 것은 소년이나 젊은이들에게 많고, 노인이 되어 그것도 공식적인 자리에서 '나' 를 사용하는 사람은 비교적 적다. 그가 좋은 환경에서 자랐으며 학창시절을 통하여 별로 세속과 관련 없는 학구적인 친구들과의 교제가 많았음을 알 수 있다.

또 목소리와도 상통하는 바가 있어 실례되는 표현인지는 모르지만, 어린 광기와 여성적인 성격의 편린이 그 말씨에서 엿보이는 경우라 하겠다.

1인칭 단수의 인칭어를 사용하는 경우, '내가' 또는 '제가' 를 연발하는 사람과도 자주 만나게 된다.

기령, 어느 스포츠 해설자는 자신이 키운 선수이야기가 나올 때마다 '제가 그렇게 말했죠.' 라거나 '내가 지도해서…' 라고 자꾸 자신을 강조한다. 자아가 강하고 자기과시욕이 왕성한 성격의 표출이라고 할 수 있을 것이다.

미국의 심리학자 리피트와 화이트의 연구에 따르면, 원맨 사장 타입의 '전제형 리더' 휘하의 그룹구성원들에게서는 I(나)가 나오기 쉽고, 평등주의적인 '민주형 리더' 밑에서 일하는 그룹에서는 WE(우리)가 자주 사용된다고 한다.

1인칭 단수를 사용하는 사람은 독립심과 주체성이 강하고, 복수를 연발하는 것은 몰개성형, 집단매몰형, 부화뇌동형의 인간에게 많다고 한다.

집단이 아니면 아무 것도 못한다고 종종 비판받는 현대의 신세대 그룹의 연설에 '우리는…' 이라는 낱말이 많은 것과도 일맥상통한다고 하겠다.

권위주의자가 좋아하는 유명인의 '후광효과'

두 번째의 '차용어'에는 단순히 상대방의 말을 빌려오는 것만이 아닌 다양한 표출방식이 있다.

사람은 항시 자신의 언어로 말하고 쓰고 하는 것처럼 생각하지만, 실상 무의식중에 상대방의 언어, 다른 세계의 언어를 차용하여 자기 이상의 것, 자기 이외의 것이 되고자하는 자아확대욕이 있다.

이것을 거꾸로 천착함으로써 그 사람의 심리를 더듬어 볼 수가 있다. 가령, 이야기 중에 난해한 어휘나 외국어가 자꾸 나오는 사람을 볼 수 있는데, 그런 사람은 언어를 자신의 심리적 약점을 지키는 방패 대신으로 사용하는 경우가 많다.

강연을 하면 자주 느끼는 것인데, 청중의 질문은 반드시 이야기 중에서 쉬운 부분에 집중된다. 그래서 질문을 받고 싶지 않을 때, 대단한 내용도 아닌데 일부로 난해한 단어나 외국어를 사용해서 청중에게 연막을 치는 경우가 있다.

이것은 자신의 지적 능력에 대한 열등의식의 반증에 지나지 않는다. 말을 방패막이로 하여 콤플렉스를 덮고 있는 셈이다.

또한, 우리는 외국숭배 특히, 서양숭배 경향이 강한데 최근에 들어선 외래어가 범람하다시피 하고 있다. 더구나 외국어의 후광을 빌어 자신을 크게 드러내 보이려는 '헬로우 효과(후광효과)'를 무의식중에 노리는 경우도 적지 않다.

유명인의 언사에도 같은 효과가 있을 것이다. 아무 것도 아닌 일로 유명인이 말했다고 하면 그럴싸하게 들리면서 광채를 띠게 되는 것이다.

가령, 다음과 같은 대화를 당신이 듣는다면 어떤 느낌이 들겠는가?

"어…어머…저것 좀 봐요, 너무 멋있지 않아요? 역시 사랑은 표현이에요. 우리도 한번 해봐요?"

"왜이래 천박하게!"

"당신은 날 사랑하지 않아요?"

"그런 게 아니라, 구르몽도 '모래 위의 발자국'에서 이렇게 말하더군. 남자는 사랑을 사랑하는 것에서 시작하여 여자를 사랑하는 것으로 끝나지만, 여자는 남자를 사랑하는 것에서 시작하여 사랑을 사랑하는 것으로 끝난다."

"아, 정말 그런가."

"결혼에 대해선, 발자크가 '결혼은 사랑이 쾌락만을 목적으로 삼는 것에 비하여 인생을 자기의 대상으로 삼는다'고. 사랑은 자유로운 감정에 충실한데 비하여, 결혼에는 많은 제약이나 의무와 책임이 따르게 되는 셈이지."

이 대화의 주인공한테 상당한 지식이 있음을 인정한다 해도 다른 한편으로, 호랑이의 위세를 빌린 여우식의 권위주의가 있음 또한 간과할 수 없다. 권위에 대한 동경이 유명인의 말을 인용하는 습관으로 표출되는 것이다.

"엄마가 그러는데 자기가 괜찮은 남자래…."

여성에게서 종종 볼 수 있는 인용습관에는 어머니의 말을 빌어 자연스럽게 자신의 의지를 나타내는 경우가 있다. 이렇게 운운하는 것은 실은 어머니를 빌어 자신의 애정을 표현하고 있는 것이다.

다만, 너무 빈번히 어머니의 말을 차용하는 여성은 어머니와의 '동일시'가 지나치게 강하여 의존적인 성격임을 알아 둘 필요가 있다. 요컨대, 정신적인 유아기가 지나지 않은 것이다.

지나친 경어는 상대방에 대한 경계심을 나타낸다

인간관계에서의 심리상태가 가장 쉽게 드러나는 말투라고 하면 세 번째에서 예를 든 경어 따위의 '인간관계어'라고 할 수 있다.

사회생활을 원활하게 영위해 나갈 때 이 경어의 존재는 상당히 중요한 역할을 한다. 그런 사회통념상 누가 봐도 타당한 경어용법이 지켜지는 한은 문제가 없지만, 경어에 관한 무지에서가 아니라 의도적으로 부자연스런 경어가 사용되었을 때는 그 사람의 심리에 무엇인가 편향성이 있다고 봐도 크게 틀리지 않을 것이다.

두말할 나위 없이 친한 사이에는 경어가 필요 없다. 그런데 이러한 친밀한 인간관계에서 때로 갑자기 경어가 끼어든 경우에는 주의를 요해야 한다.

내가 아는 사람 하나는 부인이 갑자기 공손한 말투를 쓰기 시작하

면, 부인의 기분이 저기압이 되기 시작할 때라는 것이다. 그 사실을 그는 몇 차례의 쓰라린 실패의 경험을 통해서 알고 있다고 한다. 뿐만 아니라, 과도한 경어는 때에 따라서는 격심한 질투, 적의, 경멸, 경계심의 표출일 수도 있다.

"댁의 아드님은 공부도 잘하고 착하기 그지없죠. 게다가 주인아저씨께서도 그렇게 건강하신 걸 보면 정말 부럽답니다……."

간지러운 공치사에 담긴 진의는, 뜻밖에도 상대방에 대한 존경이나 경의와는 거리가 먼 경멸이나 질투인 경우가 적지 않은 것이다.

"언어는 의사를 소통하는 두 사람의 심리적 거리를 재는 척도라 할 수 있다."

이 말을 풀이해 보면, 경어는 무의식중에 상대방과 자신을 격리시

켜서 자신 속에 침입해 올 우려를 미연에 막는 기능이 있다고 할 수 있다.

따라서 사귄 지가 꽤 오래 되어도 경어를 계속해서 사용하는 사람은 무엇인가 열등한 콤플렉스가 있거나, 또는 내심에 은밀한 적개심을 감추고 있지 않나 의심해 볼 필요가 있다.

이것을 반대로 생각해보면, 의도적으로 반말을 사용하는 사람은 그렇게 함으로써 상대방의 내부로 침입하여 상대방에 대해 우월한 위치에 서고 싶다는 욕구를 품고 있다고 볼 수 있을 것이다.

플레이보이들이 왕왕 자신이 노린 여성에게, 어느 시점부터는 갑자기 친근한 반말을 사용하는 것도, 상대방으로 하여금 둘의 관계가 아주 친밀해져서 육체적 교섭을 가져도 당연할 것처럼 착각시키고자 하는 속셈의 표출이다.

다음으로 네 번째의 '상대방의 심리어' 가운데 가장 중요한 것은 역시 섹스용어다.

'성'은 어느 지역에서든 사회풍속상의 금기적인 측면을 갖고 있어서, 누구나 섹스용어를 입에 올릴 때는 어느 정도 주저하게 되는 법이다.

그런데, 그 주저의 강도가 심해서 상대방이 그런 용어를 입에 올리는 것을 듣고서 극단적인 혐오감을 나타낸다면, 그 사람은 정도 이상의 강한 성적관심을 갖고 있어서 그 반동으로 그와 같은 태도를 보이는 것이라고 할 수 있다.

이와 정반대인 경우인데, 나는 언젠가 몹시 지적인 남성이 여성의 성기를 나타내는 용어를 그대로 거침없이 그것도 빈번히 사용하는 것을 듣고서 질려버린 경험이 있다.

 보통은 섹스용어를 그대로 노골적으로 사용하기보다는 추상적인 언어로 대신하는 쪽이 지적인 것으로 여겨지는데, 이 남성처럼 반대의 경우에는 상대방의 심리 속에 성적인 콤플렉스가 있다고 판단하지 않을 수 없다.

'그렇지만…' 을 빈번히 사용함은 상대방에 대한 연막

 말씨에 의한 심리술의 마지막에는 다섯 번째의 '사고어' 가 있다.
 가령, 영어의 접속사 AND에 해당하는 '와' 나 '그리고' 나 '게다가' 등을 많이 사용하는 사람은, 이야기가 여기서 저기로 맥락 없이 계속되어 사고에 체계적인 틀이 없음을 나타내고 있다.
 같은 접속사라도 BUT에 해당하는 '그러나' 나 '그렇긴 하지만' 을 많이 사용하는 사람은, 일반적으로 사고력이 높은 사람이라고 할 수 있다.
 하나의 내용을 이야기하면서, 그 이야기와 반대되는 반론이 떠올라서 다양한 사고를 머리 속에서 점검하고 있음을 알 수 있다. 소위 머리가 잘 돌아가는 사람과 토론에 강한 사람 가운데 이런 타입이 많이 있다.
 앞에서도 말했던 출판사 사장의 또 다른 말버릇은 '그렇긴 하지만…' 이다. 회의시간에서 그가 하는 답변을 들어보면, 거의 1분에 한 번 꼴로 '그렇긴 하지만…' 이 등장하여 '그러나 사장' 이라는 별명까지 있다고 한다.

'그러나'가 몇 번 반복되는 사이에 논리가 1바퀴 돌고 2바퀴 돌면서 상대방은 그것을 쫓아가기가 힘겨워지면서 결국 자신도 모르는 사이에 그의 페이스에 휘말리게 된다.

접속사는 아니지만, 비슷한 기능을 가지는 말에 '역시'와 '말입니다'가 있다. 둘 다 어느 저명한 대학 총장이 자주 쓰는 말인데, 그의 성격 그대로 억지로 상대방을 자신의 이야기에 끌어들이려고 하는 자세가 나타나 있다.

"저, 그러니까 국립대학이라는 것을 생각하면 말입니다. 역시 조건이 아주 나쁜 사립대학이 애는 쓰고 있지만 국립대학은 말입니다, 에에… 그러니까, 마… 어디까지나 국가적인, 말하자면 아버지 같은 그런 구석이 있다 이 말입니다." 하는 식이다.

'역시'는 자신의 이야기를 강조하여 상대방에게 강요하기 위한 말이다. 상대방을 무시하는 태도와는 반대로, 신중히 논리를 전개하며 상대방의 말도 존중하려는 것이 '……라고 생각합니다' 또는 '…인 것 같습니다' 라는 표현이다.

이런 표현을 즐겨 쓰는 사람은, 신중한 성격이라 말이 중간에 자꾸 끊어지면서 '에에…'나 '저어…'나 '으음…' 같은 말을 자주 사용하여 다음 생각을 찾고 있다는 것 또한 기억해 두는 편이 좋을 것이다.

다만, '……라고 생각한다' 라는 단정할 자신이 없는 대화에도 자주 등장한다. 신중함의 이면에는 항상 소심함이 있다는 것은, 이 사고어의 경우에도 마찬가지이다.

말씨로 알 수 있는 상대방 심리 16가지

1. 인칭어에 '나'가 많은 사람은 유아적이고 여성적인 성격을 갖고 있다.
2. '내가'를 많이 사용하는 사람은 자기과시욕이 강하다.
3. '나'보다 '우리'를 즐겨 사용하는 사람은, 부화뇌동(附和雷同)하는 성격을 갖고 있다.
4. 외래어를 많이 쓰는 사람은 지적인 능력에 콤플렉스가 있다.
5. 저명인사의 말을 자주 인용하는 사람은 권위주의적인 성격을 갖고 있다.
6. 어머니가 대화에 등장하는 횟수가 많은 사람은, 아직 정신적인 유아기를 거치지 않았다.
7. 지나친 경어는 상대방에 대한 경계심을 나타낸다.
8. 교제가 깊어졌어도 여전히 공손한 말씨를 사용하는 사람은, 상대방에 대해 열등감을 품고 있는 수가 많다.
9. 의도적으로 반말을 사용하는 사람은, 상대방에 대해 우위에 서고자 하는 의도를 갖고 있다.
10. 남성이 여성한테 갑자기 친근한 말씨를 사용하는 것은, 상대방과 육체관계를 맺고 싶다는 의사의 표출이다.
11. 섹스용어에 극단적인 혐오감을 보이는 사람은, 과도한 성적관심을 갖고 있다.
12. 섹스용어를 노골적으로 입에 담는 사람은, 성적인 콤플렉스가 있다.
13. '그리고'를 연발하는 사람은 사고에 체계가 없다.
14. '그러나'를 많이 사용하는 사람은 논리에 민감하다
15. '역시'를 습관적으로 사용하는 것은, 논리를 강요하려는 의도의 표출이다.
16. '그렇지만…' 말끝에 붙이는 사람은, 논리 전개가 신중하지만 소심한 구석도 있다.

9

사람에게는 2가지 표정이 있다

말투에는 표정이 있다

"사람에게는 2가지 표정이 있다. 하나는 얼굴에 나타나는 표정, 그리고 또 하나는 말투에 나타나는 표정이다."

어느 저명한 과학자가 말했다. 참으로 정확한 표현이다 실제로 사람이 말하는 것을 듣고 있으면 그 사람의 심리상태가 손에 잡힐 듯이 드러나는 법이다.

전화로 통화할 때는 상대방의 모습이 보이지 않는다. 그렇지만 그 말투에서 상대방이 지금 일어난 지 얼마 안 되어 기분이 아직도 어제 저녁 그대로인지, 목욕을 마치고 느긋한 상태에서 통화하는 것인지, 다른 일에 몰두하고 있던 참인지 정도는 30초만 이야기해 보면 내충 상상이 가는 법이다.

나는 일전에 이런 일이 있어서 무척 놀란 적이 있다.

그것은 어느 무역회사에 전화를 걸었을 때의 일이다. 귀여운 목소리의 여직원이 받은 것까지는 좋았는데, 그 말투가 감정이 전혀 들어 있지 않은 판에 박은 말투였던 것이다.

"저희 회사에선 그런 상품을 취급하지 않습니다…… 아뇨, 모르겠습니다…. 전혀 관계없습니다… 네, 그럼."

이쪽의 문의에 대해서도 이런 식이라 전혀 비비고 들어갈 틈새가 없었다.

이런 기업에는 상세한 매뉴얼이 준비되어 있어서 사원들은 매뉴

얼대로 말하고 행동할 것을 요구받았으므로, 마치 책을 읽는 듯이 평범한 말씨를 쓰게 된다고 한다.

일반적으로 말투 속에 인간의 감정이나 의견이 표현되는 법이다. 물론 이야기의 내용도 문제가 되겠지만, 이야기의 템포와 톤과 억양(인터네이션) 또는 맛깔스러움 등이 이야기의 내용을 채색하는 증폭 효과를 내게 된다.

우리는 무의식중에 그에 따라 소위 언외(言外)의 의미를 전하려고 한다. 또한, 듣는 사람의 입장이 되었을 때는 그것을 간파하려고 노력한다. 따라서 컴퓨터가 합성한 음성 같은 아무런 특징이 없는 말투와 만나게 되면 당황하고 마는 것이다.

물론 말과는 정반대의 의미가 이야기 속에 담겨 있을 가능성도 있다. 그러나 그것도 주의해서 들으면 말의 껍질을 벗기고 진실을 간파할 수가 있다.

먼저, 말씨의 특징으로 들 수 있는 것은 템포다

템포가 빠른 사람은 달변, 늦은 사람은 눌변이라고 한다. 사람에 따라서 확실히 달변인 사람과 눌변인 사람이 있다. 이것은 그 사람에게 고유한 것으로 기질이나 성격에서 유래한다.

따라서 심리술에서 중요한 것은, 보통 때와 다른 말투가 나올 때 상대방의 심리를 어떻게 읽을 것인가 하는 것이다.

평소엔 달변인 사람이 갑자기 어눌하게 말하거나, 그 반대로 보통 때는 별로 요령부득인 이야기를 하던 사람이 청산유수로 떠들어댈 때 뭔가 있지 않나 하고 주의를 기울일 필요가 있는 것이다.

이야기의 템포는 상대방의 심리를 읽는 중요한 열쇠

일반적으로 상대방에 대해 불만이나 적의를 느끼면 이야기하는 템포가 떨어져서 눌변에 가까워지고, 반대로 마음속에 비밀이 있거나 거짓말을 하려고 할 때는 아주 빠른 템포로 이야기하기 시작한다고 한다.

"남편이 바람을 피우고 집에 들어오면, 대개 마누라에게 많은 말을 한다."

어느 TV의 좌담회에서 어느 학자가 지적했는데, 정말 그렇다. 이건 심리학적으로 봐도 가능한 이야기라고 생각한다."

왜냐하면, 인간은 일반적으로 걱정과 불안, 또는 공포 같은 것이 그 상대방의 심리에 도사리고 있을 때일수록 말하는 템포가 빨라지기 때문이다. 필요 이상으로 많은 말을 빠른 템포로 너블어냄으로써 자신의 내부에 감춰진 불안과 공포를 떨쳐버리고자 하는 것이다.

그러나, 그 대신 자신을 냉정히 돌아볼 여유가 전혀 없으므로, 내용이 별로 없는 이야기를 떠들어대게 되어서 눈치 빠른 상대방 같으면 그 같은 심리적 동요를 바로 알아차리게 된다.

직장에서도 마찬가지다 평소 과묵하던 사람이 부자연스러울 만큼 말이 많아지거나 할 때는, 그 사람이 상대방에게 알리고 싶지 않은 비밀을 품고 있다고 봐도 과히 틀리지 않을 것이다.

나는 어느 출판 편집자와 전화로 통화하다가 평소에는 천천히 말하던 그가, 갑자기 큰 소리로 말하는 소리를 듣고 의심을 품은 적이 있다.

"자네, 오늘은 좀 이상한데, 평소와는 좀 다른 것 같아?"

"실은…,"

이야기가 일단락된 다음 아무래도 미심쩍어 물어 보았더니, 그는 갑자기 말을 끊고 잠시 침묵을 지키고 나서는 다음과 같이 토로하는 것이었다. 부서이동으로 전혀 다른 일을 하게 되었다며, 갑자기 평소의 느릿한 음성으로 돌아와 이야기를 하기 시작했다.

전화로는 그의 얼굴표정이 보이지 않았으므로 특히, 말투의 표정에서 강한 인상을 받았던 것이다.

톤과 억양을 통해서도 상대방의 심리를 알 수 있다

    템포와 나란히 특징이 나오는 것이 톤이다.
    앞에서 말한 바람피우는 남편을 예로 들어 말한다면, 만일 들켰을 때 아내에게 변명하느라 애쓰는 남편의 목소리는 틀림없이 음정이 급상승할 것이다.
    "상대방의 의견에 반대하는 경우 사람은 음정을 높여 발언하는 것이 가장 손쉬운 방법이라고 생각한다."
    어느 성악가는 잡지 칼럼에서 이렇게 밝히고 있다. 그의 말 그대로 사람은 톤을 높여 말함으로써 상대방을 압도하려 든다. 게다가 음량까지 커져서 서로 흥분하게 되면 소위 언쟁이 되는 것이다.
    톤이 높은 음성은 유아기에 형성되는 것으로 제멋대로인 성격의 표현 형태이나. 보이소프라노라는 말이 있듯이, 일반적으로 음성은 연령이 높아질수록 반대로 낮아진다. 그만큼 인간의 정신구조가 성장하여 '제멋대로'인 성향을 억제하는 기능이 갖춰지기 때문이다.
    그런데, 앞의 예와 같이 어른이면서도 톤이 높아지는 수가 있다. 그럴 때 사람의 심리는 유아기적 수준으로 돌아가고 있는 것이다. 즉, 제멋대로 의식의 발현을 억제하지 못하는 것이다. 이렇게 되면 다른 사람의 말 따위는 전혀 귀에 들어오지 않는다.
    전에 나는 여성이 낀 어느 좌담회에 출석한 적이 있었다. 그때 한 출석자가 그 여성에 대한 비판으로 들릴 수도 있는 발언을 했다. 순간 그녀는 우리의 귀가 아플 만큼 대단한 금속성으로 떠들어댔으며 자리의 분위기는 한순간에 깨지고 말았다.

말하자면 이야기가 통할만한 분위기가 전혀 아니었다는 것이다. 톤이 높은 음성은 이와 같이 정신의 미숙함을 상징하는 것이다.

그런데 말투와 관련해서 또 한 가지 억양이라는 것이 있다. 억양이 센 말투는 상당히 강한 인상을 주는 법이다.

내가 알고 있는 어느 회사원은 장기출장을 갈 때마다 그 지방의 억양을 기억했다가 출장에서 돌아오면 얼마동안 그 사투리를 사용한다고 한다. 거래관계에 있어 도리어 이것이 플러스로 작용하여 상대방들이 자신의 이름을 잘 기억해 준다는 것이 그의 지론이다.

이와 같이, 의도적인 사람은 논외로 치더라도 억양이 강한 말투를 사용하는 사람이 우리 주위에 한 둘은 있게 마련이다. 이것을 버릇이라고 치부해 버리면 상대방의 심리를 간파할 수가 없다.

왜냐하면, 그러한 말투를 사용하는 사람들 가운데는 상대방의 주위를 끌려고 하는 욕구를 품고 있는 사람이 많기 때문이다. 즉, 강한 자기과시욕이 이야기할 때 강한 억양으로 표출되는 셈이다.

말투의 리듬으로 상대방의 심리를 읽는다

말투와 관련하여 또 하나 중요한 것은 말 자체의 리듬이다.

자신 만만한 사람에게는 단정적인 말투의 리듬이 있고, 자신 없는 사람이나 여성적인 성격인 사람은 느릿느릿한 말투를 쓴다.

"우리끼리 얘긴데…,"

이렇게 갑자기 목소리를 낮추고 말을 꺼내는 사람이 있다. 상대방과 관련된 소문이나 결점을 몰래 얘기하는 것인데, 마음속으로는 은근히 이야기가 다른 사람에게까지 퍼지기를 예상하거나 기대하고 있는 것이다.

하나의 이야기를 장황하게 계속하는 것도 그 이면에 상대편의 반박에 대한 불안이 깔려 있다. 이런 사람은 대개 고압적인 태도로 쉬지 않고 이야기를 한다. 결론을 빨리 내리려고 하는 사람도 반론을 두려워하는 것이며, 달리 결론을 내릴 수가 없다는 착각을 주려고 하는 것이다.

또 '이건 제 생각입니다만…' 이라든가 '일률적으로 그렇다고 할 수는 없지만…' 하는 식으로 한정구를 붙이는 것도 마찬가지 의식의 표출이다. 심약한 사람은 대개 이러한 한정구에 의지하여 이야기를 전개한다.

듣는 태도로 알아보는 상대방의 심리

그런데 이야기라는 것은 당연한 얘기지만 말하는 자와 듣는 자가 있어야 성립된다. 즉, 말하는 방식(말투)이 있다면 그에 따라 듣는 방식과 태도가 있으며, 반대로 듣는 태도에 따라 말하는 방식에 변화를 주는 경우조차 있다.

그렇다면 자신의 이야기를 어떻게 듣고 있는가에 따라 상대방의 심리를 간파하는 것도 가능하다는 얘기가 된다.

이미 앞에서도 말했듯이, 진지하게 들어줄 때는 앉은 자세에서도 상체를 앞으로 내밀고 시선은 정면을 향한다. 그러나 싫증이 나면 시선을 돌리거나 손가락을 까딱거리며 움직이거나, 또는 상대방을 향해 몸을 비스듬히 돌리거나 해서 그런 기분을 전달하려고 한다.

이와 같은 변화는 극히 자연스러운 것인데, 일반적으로 '반복'과 '끄덕임' 그리고 '맞장구'라는 3가지 듣는 태도에는 미묘한 심리가 반영된다.

먼저, 상대방이 한 말을 반복하는 듣기 태도는 말하는 상대방의 마음속으로 들어가 진심을 듣고 싶다는 욕구에 뿌리박고 있다. 반복을 통해 '잘 듣고 있다'는 기분을 전달함으로써 상대방의 마음의 벽을 허무는 기능을 하는 것이다.

가령, 다음과 같은 세일즈맨과 주부의 대화가 좋은 보기다.

"화장품이라면 저도 갖고 있어요."

"물론 갖고 있으시겠죠, ㅇㅇ화장품이에요."

"지금은 충분해요."

"충분하시다…"

"그래요 별로 외출할 일도 없고…,"

"외출을 안 하신다구요?"

"네, 그런 편이에요. 하지만 그렇긴 해도 내 나이쯤 되면 이제 결혼식 같은 장소에 가야할 경우가 많아지겠죠."

"아무래도 많아지겠죠."

"그렇죠. 하긴 조금은 용모에도 신경을 쓸 때가 됐어요."

"그럼요. 당연히 용모에 신경을 쓰셔야죠."

이렇게 해서 점차 상대방의 심리 속으로 파고 들어간다.

듣는 사람이 말 한마디 한마디를 경청해 주면, 말하는 쪽도 이야기를 함부로 할 수 없게 되어 저절로 진심이 나오게 된다. 이러한 듣기 태도가 가능하기 위해서는 인내심도 강하고 호기심도 있어야 함은 물론이다.

다음으로 고개를 끄덕이는 모습을 관찰하면, 크게 머리를 끄덕일 때는 이야기를 경청하면서 신중히 대응하는 증거라고 할 수 있다. 그러나 고개를 끄덕이면서도 시선이 다른 곳을 향하는 경우가 있다. 겉보기에는 열심히 듣는 척해도 내심은 상대방의 이야기에 공감하지 않거나 찬성하지 않는다는 사인이다.

한편, 고개를 끄덕이는 횟수를 세어보면 여성이 훨씬 빈번하게 고개를 끄덕인다는 사실을 알 수 있다. 더구나 고개를 끄덕일 때마다 '그래요' 나 '맞아요' 하는 맞장구를 치면서 열심히 듣는다.

그러나 이것은 이야기의 내용에 몰입해 있는 것이 아니라, 이야기하는 사람의 분위기에 빠져서 감각적으로 찬의를 표시하는 것일 뿐이다. 즉, 암시에 걸렸다는 신호인 것이다.

어느 대학 교수가 강의를 할 때, 이야기 단락마다 반드시 고개를 두어 번씩 끄덕이는 여학생은 강의 내용을 이해하지 못한 것으로 봐도 틀림없다고 나에게 말해 준 적이 있다.

또 한 가지 쓸데없는 '끄덕임 또는 맞장구'를 즐기는 타입이 있다. 화자가 동시에 청자가 되는 1인 2역이다. 자신의 이야기에 고개를 끄덕임과 동시에 맞장구까지 치는 것이다.

"또 자녀를 소중히 키우는 것도 여성의 특권이죠. 네네. 사람마다 제각기 맡은 일이 있는 거 아닙니까, 네네 그렇죠."

이 원맨쇼는 화자와 청자의 역할 교환을 인정하지 않는 자기완결이자, 동시에 상대방의 반론을 용납하지 않겠다는 완고함을 나타내는 것이라 하겠다.

말투로 알 수 있는 상대방 심리 13가지

1. 말하는 템포가 평소보다 늦을 때는 상대방에 대해 불만이나 적의를 품고 있는 경우가 많고, 말하는 템포가 평소보다 빠를 때는 상대방의 빈틈이나 약점을 느끼고 있거나, 이야기 내용에 거짓이 섞여 있을 가능성이 많다.
2. 음성의 톤이 높아지는 것은 자기주장을 관철하고 싶을 때다.
3. 억양이 심한 말씨를 쓰는 버릇은, 자기과시욕이 왕성한 사람에게 많다.
4. 단절적인 표현을 즐기는 사람은, 이야기의 내용에 상당히 강한 자신감을 갖고 있다.
5. 작은 음성으로 말하는 사람은, 매사에 자신이 없든가, 또는 여성적인 성격의소유자다.
6. 하나의 이야기를 길게 늘여서 하는 것은 반론을 두려워하는 증거다.
7. 바로 결론을 내리려는 것도 반론을 두려워하는 증거라 할 수 있다.
8. 문장의 끄트머리를 모호하게 하는 것은, 책임을 회피하려는 심리가 작용하고 있기 때문이다
9. 한정적인 어구를 자주 사용하는 사람은, 심약한 성격을 갖고 있다.
10. 화자로터 시선을 돌리거나 손가락을 까닥거리는 것은, 이야기에 싫증이 났다는 증거다.
11. 이야기를 들으면서 크게 고개를 끄덕이는 것은, 이야기를 진지하게 듣고 있는 증거다. 그러나 고개를 끄덕이면서도 시선이 화자에게 집중되어 있지 않은 것은, 이야기에 공감하고 있지 않다는 의사표시이다.
12. 필요 이상으로 빈번히 고개를 끄덕이거나 맞장구를 치는 여자들 대부분은, 이야기의 내용을 이해하지 못하는 경우가 많다.
13. 스스로 자신의 이야기에 맞장구를 치는 것은, 상대방의 반론을 용납하지 않는 완고한 사람일 경우가 많다.

10

자동차에 관한 화제는 왜 섹스로 연결되는가?

화제가 화자 자신과 그 주변을 어떻게 커버하는가?

초면이든 알고 있는 사이든 만나서 이야기할 때, 화제에는 그 사람의 흥미나 관심사가 그대로 나타나는 것이 상식적이지만 인간의 심리는 그렇게 간단하고 명쾌하게 생겨 먹질 않았다.

물론 그 사람의 심리적 에너지가 주입되는 대상이 화제에 등장하는 것은 극히 자연스런 현상인데, 개중에는 자신이 한눈을 팔지 않고 매달리는 일이 있어 화제를 그것에만 국한하는 사람이 있게 마련인데 그런 사람들에겐 심리술을 구사할 필요가 없다.

그러나 그 사람이 갖는 흥미나 관심이 직접적으로 화제에 드러나지 않고, 전혀 다른 화세로 모습을 바꾸어 드러나거나 심한 열등감이나 욕구불만이 어느 한 가지 화제로 상징되거나 하는 경우 또한 적지 않은 것이다.

여기에 화제를 통한 심리술이 효과를 발휘하는 까닭이 있는 바, 그것은 크게 2가지 방법으로 생각할 수 있다. 하나는 화제의 내용으로 상대방의 심리 밑바닥을 탐색하는 방법이며 또 하나는 화제의 전개 방식으로 탐색하는 방법이다.

둘로 나눌 수 있다고 했지만, 물론 동시에 사용하면 더 바람직하다는 것은 두말할 나위 없다. 여기서는 우선 화제의 내용에 의한 방법부터 시작해 보기로 한다.

화제라 해도 사람마다 다르지만 상대방의 성격과 기질 등을 아는데 있어 가장 도움이 되는 착안점은, 화제가 얼마만큼 화자 자신과 관련되어 있는가 하는 것이다. 이 점에서 흥미로운 것은 예전의 TV쇼 프로에 자주 나오는 신상상담이다.

반투명 유리로 상담자의 상반신을 가리는 방식으로 시청자의 관심을 더욱 고조시키면서 성과 관련되는 노골적인 상담이 행해지는 경우가 있었다.

장난기 어린 호기심을 자극할 뿐 신상상담 본래의 의미를 잃고 있는 듯이 보이는데, 이런 류의 프로를 담당하는 프로듀서에게 들어보면 상담자는 아주 태연자약해 하며, 오히려 자청해서 자신의 성에 대한 고민을 털어놓으려 한다는 것이다.

따라서 출연 지원자는 흘러넘치는 모양인데, 어느 프로듀서는 심각한 표정으로 이렇게 말했다.

"출연 희망자는 대개가 중년여성들인데 미리 예비취재를 할 때는 한마디로 끔찍합니다. 성생활은 물론 생활 방식에서부터 현재까지의 인생을 시시콜콜 몇 시간에 걸쳐 털어놓는 사람이 대부분입니다. 그 중에 선정해서 출연자를 압축한 다음, 비밀을 털어놓은 사람에게 출연 거절전화를 걸면 애원을 해보다 서슬이 퍼렇게 화를 냅니다. 자신의 이야기야말로 상대방들이 귀를 기울일 거라면서 말입니다."

이와 같은 중년여성으로 대표되는 신상상담을 좋아하는 사람들은 자신이야말로 최대의 관심대상이며, 자신을 중심으로 세계가 돌아가고 있다는 착각을 믿고 있는 것이다. 일종의 나르시시즘이자 자기중심적이며 제멋대로인 성격의 소유자라고 볼 수 있다.

나르시시즘은 일반적으로 남성보다 여성이 강하므로 신상상담의 출연자가 여성으로 편중되는 현상도 수긍이 간다.

"나는요……,"

유아는 대개 자신을 화제의 중심으로 삼고 싶어 하지만, 어른이 되어도 자신의 주변만 화제로 삼고 싶어 하는 사람은 유치한 사고의 소유자라고 할 수 있다.

아울러 이것은 자기 자신뿐 아니라 가족, 일, 집안의 자질구레한 일에 화제를 집중시키고 싶어 하는 사람들도 마찬가지이다.

여성들 가운데는 애인의 여자관계나 남편의 바람기를 미주알고주알 다 털어놓는 사람이 있는데, 이것도 그 남성을 자신과 일체화할 만큼 사랑하고 있다는 증거로서 결국 자신에 관한 이야기를 하는 것이나 다름없다. 역시 자기중심적인 성격의 표출이라고 볼 수 있다.

상대방에 관한 일을 시시콜콜 화제로 삼는 것은 지배욕의 표출

앞에서 말한 것들은 화제가 자기중심인 경우인데, 전혀 반대로 자신에 관한 일은 언급하지 않고 화제가 항상 상대방의 주변이나 프라이버시에 관한 것을 맴도는 경우는 어떤가?

앞에서 인간의 보디 존에 관해 상세히 언급했거니와, 그와 마찬가지로 인간에게는 퍼스널 존이라는 것이 있다. 상대방에 관해 시시콜콜 묻는 것은 화제를 통해 상대방의 퍼스널 존을 침범하는 것이다.

남녀 사이에서는 강한 애정이나 관심의 표출인데, 그렇지 않은 경우는 상대방의 모든 것을 알고 그 약점에 정통하여 지배하고자 하는 욕구가 상대방의 심리에 있다고 볼 수 있다.

또한, 이것은 특히 여성들에게 많은데, 자신과는 별 관계도 없는 사람이나 유명인과 스타 등에 관한 소문이나 가십을 화제로 삼고 싶어 하는 사람의 경우는 지배하고 싶다는 심리 말고도 좀 더 복잡한 요소가 가미되어 있다. 여성잡지가 유명인의 소문이나 가십으로 연명해 가고 있다는 사실은 잘 알려져 있다.

어느 조사 집단이 소형 카세트녹음기를 이용하여 아파트 단지의 주부들이 모여서 하는 이야기를 녹음하여 그것을 분석한 바에 따르면, 이야기의 내용 가운데 가장 많았던 것이 전혀 관계없는 상대방의 소문이 43%이었다고 한다.

2위 이하는 자녀에 관한 이야기, 남편 이야기, 자신의 이야기의 순이었다. 화제의 절반 가까이가 소문으로 채워져 있는 셈이다.

이와 같이, 자신과 전혀 무관한 상대방이나 스타의 소문에 열심인 사람은 친구가 별로 없어 고독한 경우가 많다. 아무런 지장도 없는 상대방의 이야기라면 별로 친하지 않은 사람과도 신경을 쓰지 않고도 이야기할 수 있어, 그때만큼은 자신의 고독을 느끼지 않게 되는 것이다.

아파트 주부들의 경우에는 이웃과 깊은 교제가 없는 것이, 거꾸로 아는 사람과 만나면 제3자 이야기로 꽃을 피우는 현상을 낳고 있음이 틀림없다.

자동차에 관한 화제는 왜 섹스로 연결되는가?

이상은 화자 자신을 화제와의 관련 정도에 따라 살펴본 심리술인데, 앞에서도 언급했듯이 우리의 관심과 흥미가 반드시 직선적으로 화제에 나타난다는 보장은 없다.

복잡한 사회의 기구일수록 인간의 의식과 관련되는 억압이 강해진다. 억압되면 그 의식은 다른 형태로 표출되는데, 화제에 있어서도 실은 그 내용과는 다른 곳에 참된 욕구가 얼굴을 내미는 경우가 있다. 다시 말해서, 의식과 화제 사이의 '왜곡 패턴'을 알면 뜻밖에 상대방의 심리를 간파해 낼 수 있다는 것이다.

가령, 젊은 사람들의 관심사 가운데 하나는 자동차다. 주행거리, 속도, 마력 등 그들의 이야기는 자동차의 파워나 능력 주위를 맴돌고 있는 듯하다.

한때, 1950년대의 미국에서는 햄버거 하우스나 아이스크림 판매점에서 10대 남자와 여자들이 모여 와자지껄 떠드는 것이 일상적인 풍경이었다. 그때도 소녀들의 불만은 남자들이 자동차에 관한 이야기만 할 뿐, 자신에 관해서는 전혀 관심을 두지 않는다는 점에 집중되었다고 한다.

당시 미국 잡지의 인생상담 코너의 답변자는 소녀들의 이와 같은 불만에 답하여 다음과 같이 쓰고 있다.

"당신은 믿지 않을지도 모르지만 그들은 자동차를 구실로 삼아 페니스의 크기나 힘을 이야기하고 싶어 하는 것이다. 하지만, 애인 앞에서 그런 것을 화제로 삼을 수 없어서 자동차 이야기에 열중하는 것이

다. 따라서 싫은 기색을 보이지 말고 열심히 들어주면 애인의 자존심을 만족시켜 줄 수 있을 것이다."

　이와 같은 자동차와 섹스의 연관은 결코 황당무계한 것이 아니다. 심리학적으로 따져본다면 자동차는 페니스의 심벌이며 내부 공간은 여성의 질을 상징한다고 보는 학자들도 있다.

　젊은이들이 섹스에 관한 화제를 노골적으로 드러내는 것을 꺼려 무의식중에 자동차 이야기에 몰두하게 된다는 심리적 상관관계는 충분히 생각할 수 있으므로, 자동차 화제에 지나치게 집착하는 상대방은 성에 대한 관심이 높다고 볼 수 있다.

　여성이 '연애'니 '사랑'이니 하는 말을 자주 입에 올리는 것도 이와 비슷하다. 드러내놓고 성에 대해 말할 수 없으니까 '사랑'이니

'연애' 니 하는 로맨틱한 단어로 코팅하고 있는 것이라 볼 수 있다.

특히, 연애를 이상화하는 경향이 강한 소녀가 아니고 꽤 나이를 먹은 여성이 툭하면 '연애' 니 '사랑'을 입에 올리는 경우, 당사자는 못 깨닫는지 몰라도 그 심리 깊숙한 곳에 채워지지 않는 성욕이 도사리고 있다고 판단할 수 있다.

불평불만의 내용과 상대방의 심리가 꼭 일치하는 것은 아니다

마음속에 억압된 것은 이런 성문제뿐만 아니라, 업무 같은 것에서 오는 욕구불만인 경우도 적지 않다. 그것은 대게 불평과 불만이라는 형태를 취하는데, 그 종류로 욕구불만이 무엇인가를 간파하는 것이 가능하다. 오피스 티오의 술집에 들이가면 진부 다 그렇다고 해도 좋을 만큼, 귀에 들려오는 것이 직장과 관련된 불평과 불만이다.

샐러리맨들한테는 달리 화제가 없을까 하는 의심이 들 정도다. 그런 만큼 기업이라는 조직에 틀어박힌 인간의 나약함을 거기서 발견할 수 있는 셈인데, 불평과 불만을 말하는 그들 자신도 불평을 말하도록 하는 의식을 깨닫지 못하는 경우조차 있다.

표면적으로 나오는 불평과 마음속에 있는 진짜 의식과의 관련에 대해서 스웨덴의 학자가 흥미로운 조사를 하고 있다.

그가 여자 종업원 200여 명을 대상으로 면접조사를 실시한 바, 급여에 대한 불만을 갖고 있는 종업원일수록 일에 열의를 갖고 있지 않다는 결과가 나왔다.

　열심히 일하지 않는 것이 급여가 낮기 때문이라는 것인데, 잘 들어보면 일이 싫다는 의식이 임금이 작다는 불만으로 대체되어 있음을 알 수 있다.
　"저 포도는 싫어!"
　이것은 이솝우화에 나오는 여우의 논리와도 일맥상통한다. 먹고 싶은 포도에 손이 닿지 않아서 온갖 애만 쓰다가 끝내 포기하고 사라져 버리는 저 여우 말이다.
　심리학에서는 실패 따위의 불쾌한 체험이나 열등감 같은 것에 대해 자신을 정당화시키는 것을 '합리화' 라고 하는데, 이 경우가 바로 그렇다. 급료가 작은 것을 기회 있을 때마다 문제화하고 싶어하는 당신 주위에 있는 셀러리맨은, 이솝우화의 여우와 마찬가지로 일에 열의가 없는 자신을 '합리화' 하고 있는 것이다.

급료와 함께 샐러리맨의 불평과 불만의 대종을 이루는 것이 상사에 대한 것인데, 이 화제에도 '합리화' 가 작용하고 있다.

"그 과장은 부사장 딸하고 결혼하지 않았으면, 지금쯤 지방 지사로 쫓겨났을 거야. 무능하기 그지없는 사람이거든…."

어쩌고저쩌고 하며 상사를 헐뜯는 사람일수록 출세하고 싶다는 욕구가 불처럼 가슴 속에서 활활 타고 있는 것이다.

그러나 자신한테는 그런 능력이 없다. 그래서 자기 기만의 논리를 찾아내 스스로를 납득시키기 위해 상사의 무능(물론 객관적인 판단이 아니다)을 끄집어내는 '합리화' 를 하는 것이다.

이와 같은 개념을 적용하여 '화제의 굴절' 을 알면, 샐러리맨의 비밀스런 본마음이 마치 안개 속에서 얼굴을 내밀 듯 떠오르는 것이다.

직장에 적응하지 못한 중년사원은
옛 시절의 자랑거리에서 구원을 찾는다

이러한 '합리화' 나 다른 화제로의 전환이 불가능하거나 실제 대상에 대해서 불평이나 험담을 늘어놓으면 큰 저항에 부딪칠 것으로 예상되는 경우가 있다. 그럴 경우에는 마음속에 억압되어 쌓이고 쌓인 욕구불만은 다시 특이한 형태로 발산되는 경우가 있다.

가령, 진짜 대상과는 전혀 다른 상대방에게 덮어씌우거나 농담을 빌어 상대방에게 터뜨리는 식이다.

종종 술자리 같은 곳에서 동석한 상사를 화제로 삼아 술에 취해 하는 농담인 척하며 통렬히 매도하는 사람을 볼 수 있다. 이런 경우 역시 실제로 취하고 안 취하고 간에 상사에 대한 욕구불만이 자신도 모르게 나온 것이라 볼 수 있다.

농담으로 얼버무리는 것은 상대방이 그것을 진심으로 받아들였다고 해도 말한 본인에게 책임이 없다는 도피구가 마련되어 있는 만큼 보기에 따라서는 아주 비겁한 수단이지만, 한편으로는 그렇게라도 허튼 소리를 함으로써 다소나마 적의와 증오가 경감된다는 효용도 있다. 농담 속에 때로 진담이 있다는 말은 틀림없는 것 같다.

사람의 욕구불만이 불평과 불만의 형태를 취하지 않고 전혀 반대로 자랑거리를 늘어놓는 형태로 표출되는 수도 있다.

우리는 술집 같은 곳에 동석한 젊은 사원들을 상대로 옛날의 공훈담을 의기양양하게 떠들어대는 상급 중년사원을 가끔 볼 수 있다. 본인은 한참 신이 나서 떠들어대지만 주위는 흥이 깨져버리는 경우가 많다.

이를 심리학적으로 보면, 이런 자랑은 새로운 시대의 변화에 따르지 못하든가 승진길이 막혀버렸다든가, 또는 직장에 적응하지 못하든가 해서 욕구불만에 빠진 사람이 현실을 잊으려고 과거에서 구원을 얻고 있는 증거이다.

마치, 어린아이가 동생이 태어나 엄마의 사랑을 충분히 받지 못하게 되었을 때, 때 없이 오줌을 다시 싼다든지 하는 것과 같은 원리로 프로이드의 말을 빌리자면, 퇴행이라 불리는 현상이다.

잔인한 이야기지만, 꿈꾸는 듯한 표정으로 말하는 화제의 이면에 어디에서도 구원을 찾을 수 없는 욕구불만이 잠재해 있음을 간파할 수 있다.

논리적 사고가 불가능한 사람의 화제는 맥락 없이 바뀐다

그런데 이 장의 앞에서도 언급했듯이, 상대방의 심리가 나타나는 것은 화제의 내용만이 아니다. 그 전개 방법에도 주목할 필요가 있다.

우리가 이야기를 하면서 가장 불쾌한 경우는, 회의석상 같은 곳에서 상대방이 이야기하는 도중에 갑자기 끼어들어 전혀 무관한 화제를 끄집어내는 사람이다.

재고관리에 대해 이야기하는 자리에서 갑자기 엉뚱한 말을 하여 비서를 당황케 하는 원맨 사장이 그런 예라 하겠다.

"아! 참. 자네, 내일 약속은 취소야. 골프를 치러 가야 하거든."

이런 사람은 지배욕이나 자기과시욕이 강하여 상대방을 무시하면서까지 혼자서 우위에 서고 싶어 한다. 당연히 상대방에 대한 배려가 부족한 타입인데, 동료 가운데 이런 사람이 있으면 결코 팀웍이 이루어지지 않는다.

강한 지배욕이나 자기과시욕은 이밖에 스스로 그 자리의 화제를 자꾸 만들어 가는 타입의 사람에게서도 볼 수 있다. 상대방에게 주도권을 뺏기는 것을 싫어하여 어디까지나 우위에 서고 싶어 하는 것이다. 이점은 외국인과 상담을 할 기회가 많은 비즈니스맨의 체험담을 들어보면 쉽게 알 수 있다.

어학에 별로 자신이 없어서 이쪽에서 화제를 별로 만들지 못하면 상대방은 완전히 자신의 페이스로 척척 화제를 만들어 낸다. 이야기를 정신없이 듣는 동안에 화제는 자꾸 바뀌어서 결국 모든 것이 상대방의 뜻대로 결론이 지어진다는 것이다. 상담 시에는 보다 유리한 결과를 낳지 않으면 화제를 리드 당해서 패하게 되는 것이다.

또, 화제가 이야기 중에 자꾸 바뀌는 것은 좋은데, 그것이 전혀 맥락이 닿지 않아 이건가 싶으면 다시 저것이 나오는 식으로 정신없이 바뀌는 경우가 있다. 물론 듣는 쪽은 어이가 없다.

종종 조증환자가, 조증상태에서 무슨 이야기를 했다가 갑자기 단지 음이 비슷하다는 이유에서 거꾸로 이야기를 바꾸는 경우가 있는데, 이것을 정신의학 용어로는 '의상분일(意相奔逸)'이라고 한다.

물론 이것은 병적인 경우지만, 보통 사람도 화제가 맥락 없이 바뀌는 것은 머리 속에서 사고가 정리되지 않아 지리멸렬한 상태에 있기 때문이다. 이런 타입은, 화제가 풍부하다기보다는 논리적으로 사고 정리를 못하는 것이다.

앞에서 말한 것은 화제를 화자 자신이 만들어내는 경우인데, 개중에는 본인이 의식적으로 화제를 끄집어내지 않고 상대방의 화제를 항상 뒤따르는 경향을 가진 사람도 있다.

뛰어난 인터뷰라면 여기서 한 걸음 더 나아가 상대방이 꺼낸 화제를 확대하는 수법을 구사하고, 그 결과 상대방은 점점 자신의 지식과 정보를 끄집어내게 된다.

인터뷰는 소위 대화에 관한 프로라고 할 수 있는데, 일반인 가운데도 이렇듯 '잘 듣는 사람'이 많다 이런 타입은, 성격적으로 봐서 상대방에 대한 이해가 깊고 관용적이어서 참된 의미에서 포용력을 갖고 있는 사람이라고 할 수 있다.

화제는 때로 콤플렉스를 가려주는 장막이 되기도 한다

마지막으로, 어떤 특정 화제에 대한 반응을 통해 그 사람이 갖고 있는 상대방의 심리를 탐구할 수 있는 경우를 언급해 보겠다.

가장 이해하기 쉬운 것은 의식적으로 그런 화제를 피하는 반응이다.

인간은 이성이나 금전 등 자신의 강한 욕망이나 콤플렉스의 대상과 직면하면, 그 정도가 강할수록 상대방이 알아차리는 것이 두려워서 무의식중에 언급하기를 피하려고 한다.

가령, 외설적인 이야기를 의식적으로 혐오하는 여성 같은 경우가 이 범주에 든다. 그러나 일상생활에서 문제가 되는 것은 이러한 명백한 경우가 아니고, 일견 그 화제를 다른 사람들과 같이 즐기는 것 같으면서도, 실제로는 그 사람의 마음속에 특이한 심리가 감춰져 있을 때다.

내가 중학교에 갓 입학했을 때의 일이다. 친구 가운데 얼굴에 혹성처럼 생긴 여드름 자국이 있어서 '지구탈출'이라는 별명을 가진 아이가 있었다.

그는 천성적으로 밝은 성격이어서 외모 따위는 전혀 신경을 쓰지 않는 것처럼 행동했다. 그래서 우리들도 별 생각 없이 좀 심하게 놀렸는데, 어느 날 그런 그가 갑자기 학교에서 사라졌던 것이다.

　담임선생님의 설명을 듣고 보니, 그는 평소의 밝은 표정과는 반대로, 외모에 대한 뼈저린 열등감과 고민과 절망을 갖고 있었던 것이다.

　그는 자신이 화제에 올랐을 때도 특별한 반응을 보임으로써 본심을 간파 당하는 것이 두려웠던 것이다. 그래서 주위 사람들에게 자기 마음속의 고민을 웃음으로 위장했던 셈이다.

　그러나 어떤 위장이든 그런 상황에서는 무리였으므로 어딘가에 그 파탄의 낌새가 나타났을 것이다. 이런 경우에도 우리가 조금만 주의가 깊었다면, 비록 웃는 얼굴이었을망정 그 속에 희미하게나마 부자연스러운 구석을 발견할 수 있었을 지도 모른다.

대화로 알 수 있는 상대방 심리 11가지

1. 대화가 자기 자신, 가족, 직장 일 등에 편중되어 있는 사람은, 일종의 나르시시즘적 경향이 있으며 자기중심적인 성격의 소유자다.
2. 상대방의 소문에 지나친 관심을 보이는 사람은, 친구가 별로 없는 고독한 처지에 있으며, 상대방에 대해 꼬치꼬치 캐묻고 싶어 할 때는 상대방의 약점에 정통하여 전적으로 지배하고 싶어 하는 증거다.
3. 소녀기를 지난 여성이 '연애' 니 '사랑' 이니 하는 말을 자꾸 입에 올릴 때는, 마음속에 성적불만이 감춰져 있다.
4. 급료가 적다고 불평하는 사람 가운데는, 일에 열의가 없는 것을 급료가 적은 탓으로 돌리는 경우가 많다.
5. 농담 삼아 입에 올리는 험담 가운데는, 때로 쌓이고 쌓인 불만을 다른 식으로 표출하고 있다는 진심이 담겨 있다.
6. 부하를 상대로 옛날의 자랑거리를 쏟아내는 사람은, 시대의 흐름을 뒤쫓아 가지 못하고 직장에도 적응하지 못하고 있다는 증거이다.
7. 상대방이 말하는 것을 무시하고 전혀 관계없는 화제를 꺼내는 사람은, 지배욕, 자기과시욕이 극히 강하다.
8. 스스로 그 자리의 화제를 끊임없이 만들어내는 사람은, 잠시라도 타인보다 밑에 처지는 것을 극도로 싫어하는 성격을 갖고 있다.
9. 화제가 맥락이 닿지 않게 자꾸 바뀌는 사람은 논리적인 사고력이 결여되어있다.
10. 자신에 관한 화제는 별로 꺼내지 않으면서도 상대방의 화제를 심화시키고 확대하는 경향이 강한 사람은, 관용적인 성격의 소유자다.
11. 극단적으로 외설적인 이야기를 혐오하는 여성은, 오히려 성에 강렬한 관심을 갖고 있는 경우가 많다.

11

인간은 이성을 통해
자신의 모자라는 부분을 채운다

사람은 자신의 '모자라는 부분'을 찾는다

인간에게 이성의 존재는 일상생활 속에서 항상 가장 기본적인 부분에서 중요한 연관성을 갖고 있다. 곧 성적으로 서로 다른 대상인 이성은, 인간의 기본적인 욕구인 성욕의 대상이며 동시에 인간이 사회생활을 영위함에 있어 최소 단위인 가정을 만드는 상대이다. 또한 종족보전의 욕구를 충족시키는 생식활동의 대상이기도 하다.

그런 만큼 인간이 이 세상에서 삶을 즐기고 사회생활을 영위하며 자손을 남기는 전 생애를 통하여 이성은 결코 없어서는 안 되는 존재인 것이다. 따라서 인간이 이성에 대하여 어떻게 느끼며 어떻게 생각하는가 하는 그 사람의 이성관을 아는 것은, 그 사람의 성격과 기질과 그리고 무의식의 욕구와 콤플렉스 등을 아는데 아주 중요한 실마리를 제공해 준다.

대화를 통하거나, 또는 그 사람이 이성과 사귀는 상태를 살펴봄으로써, 이제까지 볼 수 없었던 그의 새로운 인간상이 갑자기 나타날 수도 있다. 그렇게 되기 위한 첫 번째 착안점은, 상대방에 대한 기호와 결혼상대 등을 결정할 때의 이성의 선택방법을 아는 것이다.

앞에서 말하였던 인간의 기본적인 욕구에서 미루어 생각할 수 있듯이, 인간은 본래 이성에게서 자신이 갖고 있지 않은 것을 찾는다. 성(性)적인 기능 차이뿐만 아니라, 성격과 능력 등 여러 측면에서 자신과 정반대인 이성을 찾는 경향이 강하다.

남녀가 이러한 상호 보완적인 관계에 있는 것은 한 쌍의 생물적 사회적 단위로서 편리할 뿐만 아니라, 자손을 남길 때의 유전적인 문제를 고려할 적에도 유리하다.

가령, 매사에 대범하여 자잘한 일에 구속되지 않는 남성은 자신의 반려자로서 무의식중에 꼼꼼한 여성을 고르는 경우가 많으며, 키 작은 여성일수록 키 큰 남성을 구하고 뚱뚱한 사람은 마른 사람을 고르는 것이 일반적이다.

이러한 원칙에 입각하여 먼저 첫째 단계로서 '이성에 대한 기호에 그 사람에게 부족한 것이 나타나 있다'는 견해가 가능하다. 요염한 창부형을 좋아하는 남성은 뜻밖에도 천성적으로 목석같은 인간인 경우가 적지 않으며, 얌전하고 가정적인 여성을 좋아하는 남성은 뜻밖에 플레이보이가 많다.

또, 신분이 낮은 남성이 출세가도를 달리면서 신분이 높은 미녀에게 손을 뻗치는 경향도 그의 신분에 결핍된 고귀함에의 갈망에서 비롯된 것임이 분명하다.

아이러니컬한 예인데, 서양 여러 나라의 왕실에서 혈통주의에 얽매여 혈족혼에 가까운 혼인 관계를 반복하는 가문은 대체로 망했다 한다. 그러나 적당히 다른 혈통과 결혼을 한 가문은 쇠퇴하지 않았다고 한다. 어떻게 보면 인간에게는 원래 자신과 이질적인 것을 찾아 자신의 부족분을 보충하고자 하는 본능적인 지혜가 있는가 보다.

왈가닥 여성이 좋아하는 남성은?

다음 둘째 단계로서, 이 원칙이 그렇게 쉽게 적용되지 않는 경우가 나온다. 그 극단적인 경우가 지금의 원칙과 정반대로 서로 보완적이 아니라 상승적으로 상대방을 고르는 케이스다.

가령, 키가 별로 크지 않은 사람이 한술 더 떠서 키가 작은 사람을 좋아하는 경우가 남성들한테서 가끔씩 보인다. 유전학적으로는 당연히 큰 사람을 고르는 게 좋은데, 인간의 기호란 유전학 같은 합리적인 것만으로는 결정되는 게 아니다.

이 경우는 남성에게 단신에 대한 강한 콤플렉스가 있으며, 그렇기 때문에 자신보다 더 키 작은 여성을 고르는 것으로 봐도 크게 틀리지 않을 것이다.

반대로, 요즘처럼 여성의 체격이 비약적으로 좋아지면 너무 큰데 따른 고민도 있을 것이며, 그런 여성은 어떻게 해서든지 자신보다 월등히 체격이 좋은 남성을 찾을 것이다.

백인사회의 소수민족인 유색인종이 자신보다 피부색이 짙은 민족의 이성에게 매력을 느끼는 경우도, 이와 같은 맥락에서 설명될 수 있을 것이다.

하긴 앞에서 든 예와 마찬가지로, 학대받는 계층이 자신보다 높은 계층에 속하는 이성을 찾음으로써 자신의 콤플렉스를 해소하고자 하는 경우에는 이것이 반대로 나타난다.

또한, 남자다운 남성이 여자다운 여성을 구하는 것은 처음 원칙대로인데, 남성적인 여성과 왈가닥 같은 여성의 경우엔 그 원칙대로 여성적인 남성을 구하는 경우와 자신을 능가하는 강인한 남성을 구하는 경우 등 양극으로 분열되는 것 같다.

풍모도 남성 같고 일에서도 남성 이상의 수완을 발휘하던 여류 사업가가, 평소엔 역시 여성적인 남성들을 상대하더니 갑자기 나타난 깡패 같은 강인한 남성의 매력에 끌리게 되었다는 얘기도 들은 적이 있다.

남녀가 그 장점과 단점을 상호 보완해 주는 경우엔 플러스와 마이너스의 융합이라는 안정이 나타나는 것이 당연하지만, 지금 든 일련의 예와 같이 콤플렉스에서 비롯된 서로 보완적이 아닌 관계에서는 플러스와 마이너스의 융합에서 오는 안정을 얻기 어려운 일면이 있다. 서로를 이해할 수 있다는 점에서는 안정성이 있지만, 반면에 '신물 나는' 관계에 빠지지 않는다는 보장도 없다.

그런 측면에서 볼 때, 일종의 이상성(理想性)이라는 의미에서 공통점이 있는 사디즘(가학성 변태성욕) 경향과 마조히즘(피학성 변태성욕) 경향의 이성관에는 비정상적인 대로 안정성이 있다고 하겠다.

사디즘의 경향이 강하고 지배욕에 사로잡힌 남성이 매사에 순종적인 인형 타입의 여성을 좋아하고, 마조히즘 경향을 지니는 남성이 강한 여성을 좋아하는 것은, 어쨌든 간에 그 나름대로 안정된 관계를 형성하고 있는 것이다.

적령기를 놓치는 남성은?

남녀는 서로 보완적인 관계로 포착되지 않는 이성관에 또 하나 부모와 비슷하게 생긴 사람을 좋아하는 경우가 있다.

유년기와 소년기엔 여자라고 하면 어머니, 남자라고 하면 아버지가 가장 가까운 이성이었으므로, 누구나 애초에는 아버지와 같은 남성과 어머니와 같은 여성을 좋아하는 경향이 있게 마련이다.

그러나 나이를 먹어도 그런 경향에서 벗어나지 못하고 고착되어 얽매이는 것은, 흔히 말하는 오이디푸스 콤플렉스와 일렉트라 콤플렉스에 빠질 위험이 있다.

두 콤플렉스와 관련해서 앞에서도 언급했지만, 이것이 너무 지나치면 어머니를 닮은 여성을 찾는 남성은 어머니가 살아 있을 동안엔 자짓하면 결혼상대를 놓치고 미혼이 된다. 그것은 어머니 이상으로 어머니를 닮은 여성이 있을 리 만무하기 때문이다. 따라서 적령기를 지나서까지 독신으로 있는 남성은 일단 이 경향을 의심해 볼 필요가 있다.

특히, 아버지가 이미 죽고 어머니와 동거하는 남성은 아버지 없이 어머니와 일체화된다는 오이디푸스 콤플렉스에서 오는 무의식적인 원망을 달성한 상태에 있기 때문에, 그 무의식적으로 충족된 정신생활의 틀을 깨기가 무척 어렵다. 여성과 아버지의 관계도 이와 마찬가지이다. 어느 경우이든 무의식적인 감정이므로 본인은 깨닫지 못하는 수가 많으며, 오히려 자신의 혼기가 왜 늦어지는지 모르겠다며 고민하는 경우도 많다. 다른 여성이나 남성을 사랑하지 못하는 것이, 이러한 콤플렉스 때문일지도 모른다는 것을 알려주는 것만으로도 본인의 의식에 상당한 변화를 기대할 수 있다.

이성관계에서 나타나는 3가지 전형적 타입

'이성에 대한 기호'에 이어 상대방의 심리를 알아보기 위한 또 하나의 착안점은 '이성과 사귀는 방법'이다.

우선, 인간의 일반적인 성격 분류로서 예전부터 행해지고 있는 '분열질(分裂質)', '조울질(躁鬱質)', '전간질(癲癎質)'의 차이는 이성과의 교제 방식에서도 현저하게 나타난다.

분열적인 사람은 이성을 이상화하고 먼 몽상의 세계에서 그 이성과의 로맨틱한 관계를 그리는 경향이 짙다. 때문에 이성과의 관계가 현실적이 되지 못하고 짝사랑이나 플라토닉러브로 끝나는 경우가 많다.

역으로 말하면, 이성과의 사귐이 위와 같은 사람은 분열적인 사람이 일반적으로 갖추고 있는 경향, 이를테면 내폐성(內閉性)이라 불리는데 말이 없고 고독하며 부끄러움을 타고 겁 많은 성격의 소유자라 할 수 있다.

아울러 그러한 이성관을 지닌 사람은 분열질이라는 이름 그대로 겸허함과 오만함이 동거하는 성격을 가지고 있어서, 일견 사교적으로 보여도 마음은 뜻밖에 냉정할 경우가 많다. 때로 자신감 상실에 고민하는 자신을 감수성이 풍부하고 섬세한 성격의 멋진 사람이라고 생각하기도 한다.

조울질인 인간은 이성에 대한 태도는 이러한 분열질인 사람에 비해 훨씬 명쾌하다. 아무와도 스스럼없이 사귀며 좋아하는 사람이 생기면 직선적으로 흉중을 털어 놓는다. 몽상의 세계에서 고민하는 일이 없이 바로 현실적인 교제의 장을 갖고자 한다. 다만, 그 명쾌함은 변화에 있어서도 그러하여 어느 날 갑자기 다른 상대로 바꾸는 바람기를 갖고 있다.

이성을 이와 같이 다루는 사람은 사교적으로 따스함을 느끼게 하는 성격의 소유자임에는 틀림없지만, 기분이 교대하는 시기가 있어 명랑과 우울이 교차한다.

그 가운데도 명랑한 기분일 때가 많은 형과 우울한 기분일 때가 많은 형이 있는데, 전자는 정력적인 활동가이고 후자는 맡은 일을 꼼꼼히 저리하는 노력가로 나타난다. 우울이라고 해도 분열질에서처럼 신경질적이지 않다는 점이 다르다.

마지막으로, 전간질의 이성관계는 첫째로 형식적이라는 점을 들 수 있다.

가령, 학벌이라든가 가문과 직업 같은 것에 구애된다는 데 특징이 있다. 교재도 양가 부모가 인정하는 것이라야 한다든가 상대방의 복장이 조금이라도 흐트러지면 용서하지 못하는 반면에, 이 사람이다 싶은 상대방을 만나면 물불을 가리지 않고 사랑에 빠지는 경향이 있다.

이런 성격인 만큼 매사에 의리가 있고 질서를 존중하며 끈질긴 면을 가지고 있지만, 일반적으로 외부의 자각에 대해 둔감하며 그러면서도 일단 흥분하면 좌우를 돌아보지 않는 것이 특징이다.

'호색'을 가장하는 성(性) 콤플렉스도 있다

이들 유형과 관계없이 이성과의 교재방법에 있어서, 최근 눈에 띠는 것이 남성들 가운데 연상의 여성이나 누나 같은 타입의 여성을 찾는 경향이 많이 늘고 있다는 것이다.

이와 같은 남성은 소년시절이 지나서도 어머니의 과보호 밑에 있으면서 마더콤플렉스를 안고 있는 경우가 많다. 매사를 상대방에게 의존하며 앞장서서 리드해 주는 상대방이 없으면 성생활도 뜻대로 되지 않는다.

이성과의 교제라고 하면, 예전엔 남성주도형이 상식이었으나 최근엔 그런 경향이 없어졌다. 여성에 대해 공포감을 느낀다거나 공포까지는 아니더라도, 여성을 다룰 줄 몰라서 여성에 대해 적극적으로 나서지 못하는 경우가 많다.

이런 젊은이는 이성관계뿐만 아니라 일에 있어서도 자주성이 없다. 주어진 작업을 모범생처럼 처리할 뿐 자기주장이 없어 항상 위로부터의 평가를 일방적으로 기다린다. 동료나 아랫사람 가운데 리더십을 발휘하는 사람이 생길지도 모르는 부담스런 입장을 싫어하며, 이성과의 관계에서는 연상과만 사귀는 경우가 많은 것도 이런 타입의 특성이다.

마더콤플렉스와는 좀 다른 식으로 표출되는 것이 성적인 열등콤플렉스다.

여기에는 전혀 양상이 다른 양극단의 표현방식이 있는데, 한편 여성한테 장난삼아 자꾸 손을 댄다거나 하여 자신의 호색성을 일부러 드러내는 듯한 태도를 취하는 타입으로, 일견 플레이보이처럼 보이지만 실은 성적인 열등감을 감추기 위한 '반동형성(反動形成)'에서 이와 같은 태도가 비롯되는 수가 많다.

사실 이러한 여성에 대한 집착성을 가장한 사람 가운데 동성연애자가 있는 경우도 드물지 않은 것이다.

다른 한쪽 타입은, 여성에 대해 극단적인 결벽증을 보이는 경우다.

유명한 철학자 칸트는 여자관계에서는 대단히 엄격했던 것으로 유명한데, 그의 집사가 칸트에게 자신의 결혼 사실을 감췄다가 들통났을 때 불같이 화를 냈다는 이야기가 남아 있다.

칸트 집안에서는 결혼이라는 말이 터부(금기)였다고 전해지는데, 이와 같은 사실로 미루어 칸트 자신이 강한 성콤플렉스를 갖고 있었지 않았나 생각되기도 한다. 그가 전 생애를 통해 독신으로 일관한 것도 철학적 신조라기보다는 성적인 열등감이었을지도 모르는 것이다.

여성에 대해서도 같은 이야기를 할 수 있다. 극단적으로 남성을 싫어하여 피부에 남성의 손길만 닿아도 실제로 소름이 끼친다는 여성을 나는 알고 있는데, 그녀의 경우는 보통사람 이상으로 남성에 대해 강한 관심을 억압하고 있는 결과가 그와 같은 반응으로 표출된 것이었다.

소녀시절에 심한 희롱을 당했거나 강간당하는 등의 불행한 경험이 있는 여성에게 이 타입이 많다. 그리고 남성이 자신에게 야릇한 시선을 보내는 등 가벼운 치한 행위에도 병적일 만큼 민감해서 소란을 피우는, 억압된 강한 성적관심의 투사로 그러한 경향을 갖게 되는 경우가 많은 것이다.

  이러한 이성의 마음을 열기 위해서는, 친구로서 접근하기 시작해서 점차 이성에 대한 알레르기를 불식해 가는 방법이 적절한 것이다.

이성관계로 알 수 있는 상대방 심리 11가지

1. 좋아하는 타입의 이성에게는 그 사람의 결핍된 부분이 나타나 있다.
2. 키 작은 남성이 키 작은 여성을 좋아하는 것은, 키에 대한 열등감 때문이다.
3. 상류계층의 여성에게 관심을 보이는 남성은, 계층적 콤플렉스를 안고 있을 가능성이 있다.
4. 혼기가 늦어지는 남성은 오이디푸스 콤플렉스를 갖고 있을 우려가 있다.
5. 아버지를 닮은 남성을 구하는 여성은 일렉트라 콤플렉스를 갖고 있다
6. 이성과의 관계를 로맨틱하게 그리는 사람은, 분열질적인 성격의 소유자다.
7. 이성에 대한 호의를 직선적으로 나타내는 반면에 쉽게 변하는 사람은, 조울질적인 성격의 소유자다.
8. 이성 관계에 있어 가문과 학벌 등 형식적인 것에 지나치게 집착하는 사람은, 전간질적인 성격을 갖고 있다.
9. 연상의 여성에게 끌리는 남성은 마더 콤플렉스를 갖고 있는 경우가 많다.
10. 호색을 가장하는 남성은 성적 콤플렉스로 고민하는 경우가 많다.
11. 이성에 대해 극단적인 결벽증을 보이는 사람은, 강한 성적관심을 억압하고 있다.

12

술버릇이 나쁜 사람은
욕구불만이나 마음의 상처를 가지고 있다

특정한 무엇에 대한 집착에는 욕구불만이나
마음의 상처가 감춰져 있다

　　내가 캘리포니아에 체재했을 때 전부터 알고 지내던 상류층 출신인 대학교수가 놀러와 며칠 간 머문 적이 있었다.
　　오랜만에 옛정을 새롭게 한 셈인데, 단 하나 골치 아팠던 것은 그가 식사할 때마다 와인은 ○○의 ××년도 산이라든가, 커피는 △△가 아니면 안 된다는 식으로 지나치리 만큼 브랜드에 집착했다.
　　그것도 내가 본 바로는 맛있다와 맛없다 하는 기능적인 선택을 하는 것이 아니라, 감정적으로 이상하다 할 만큼 얽매여 있는 것이었다. 덕문에 나는 그를 대접하기 위해서 캘리포니아의 전 지역을 뒤져야 했다.
　　왜 그가 그렇듯 기호품의 선택에 고집을 부렸을까? 당시엔 그리 또렷하게 이해하지 못했지만 귀국하고 나서야, 그의 동료에게 그의 평소의 학구생활을 물어보다가 그 원인을 알게 되었다.
　　그는 자신이 원래 상류층이었음을 나타내는 스테이터스 심볼(지위 상징)로서 특정한 브랜드를 고집했었던 것이다. 거기에는 학자라는 지위로 만족할 수 없는 상류층 출신으로서의 콤플렉스와 자기과시욕이 잠재해 있었던 셈이다.
　　원래 기호품은 담배이건 커피이건 술이건, 식료품이나 음료수처럼 인간의 생존에 절대 불가결한 것은 아니다. 그렇기 때문에 만드는 쪽이나 판매하는 쪽이나 수요를 찾아 다양한 특색을 곁들여 종류가 풍부하다.

이것을 소비하는 쪽에서 말하면 그만큼 선택의 자유도가 높다는 얘기가 되는데, 자유도가 높을수록 무엇을 선택하는가 하는 것으로 그 사람의 심리가 표출되기 쉬운 것은 당연하다.

대개의 경우는 남의 이목이나 경제상태를 고려하여 선택되며, 그것이 그 사람의 사회적 지위에 비추어 이상할 정도가 아니라면 여기서 기호품에 의한 심리술을 펼칠 필연성이 전혀 없다.

문제가 되는 것은, 제3자의 눈에 아무래도 걸맞지 않아 보이는 선택을 하는 경우이다.

쥐꼬리만한 월급에다가 단칸방에 사는 젊은이가 나폴레옹 코냑을 자주 즐기는 예가 바로 이 경우이다. 그와 같은 사람의 심리에는 현재의 지위보다 더 높은 지위로 올라가고 싶다는, 좋게 말하면 상승욕구가 잠재해 있거나 자신을 실제 이상으로 보이고 싶은 강한 자기과시욕이 감춰져 있다고 하겠다. 그리고 이러한 경향이 강한 사람 가운데는 히스테릭한 성격의 소유자가 많다.

상대방을 심리학적으로 보아 더욱 중요하다고 여겨지는 것은 특정한 기호품이나 상표에 대한 집착의 정도다.

앞서 말한 친구의 예는, 일종의 콤플렉스와 욕구불만이 특정 품목에 대한 지나친 집착을 낳았는데, 그런 것이 아니더라도 가령, 와인은 보르도 ○○년산만을 마시며, 그것이 없으면 아무리 와인을 먹고 싶더라도 참는다는 사람조차 있다. 이것 또한 전형적인 편집증 성격이라 볼 수 있다.

또, 고집의 정도는 그 사람이 겪은 과거의 마음의 상처(trauma)와도 관련이 있을 수 있다. 죽은 연인을 잊지 못해 그가 즐기던 특정 커피에 애착을 느끼는 여성이 있다고 한다면, 바로 그런 경우이다.

반대로, 마음의 상처는 특정한 기호품이나 품목을 극단적으로 배격하는 형태로 표출될 수도 있다. 파이프 담배를 극단적으로 싫어하는 사람이 실은 파이프를 애용하는 라이벌한테 크게 당한 경험을 갖고 있는 경우가 바로 이런 케이스에 속한다.

마음의 상처가 원인인 경우는 싫어하든 좋아하든 합리적인 동기가 아닌 감정적인 동기에 기초하고 있다. 말하자면 이론적으로 이유를 댈 수 없다는 얘긴데, 그런 만큼 감정적인 동기가 사라지면 어이없을 정도로 쉽게 그 집착이 없어지는 특징을 갖고 있다.

파이프의 예를 들어 말하면, 눈의 가시인 라이벌이 실각하고 대신에 자신이 발탁되거나 하면 그 순간부터는 파이프 담배에도 신경을 쓰지 않게 된다는 것이다.

그밖에, 기호품의 선택과 관련하여 흥미로운 것은 자신이 존경하는 사람과 또는 상사가 애용하는 것과 똑같은 것을 고르는 경우이다. 이것은 다른 장면에서도 언급한 '받아들임'의 현상으로 자신을 상사와 동일시하는 심리상태에서 비롯된다.

거기에는 단순한 동경 이외에 상대방에 대한 욕구불만이 잠재하는 경우도 있어서, 일부러 동화함으로써 불만을 해소하고자 하는 작용이 발동하는 것이다.

'술자리의 깡패'가 평소엔 착실한 사원

　이상에서 살펴본 것은 기호품의 선택을 통해서 본 상대방의 심리인데, 보다 깊이 상대방을 알기 위해서는 그가 선택한 기호품을 어떻게 즐기는가 하는 점에서도 주목할 필요가 있다.
　여기서는 그 대표적인 것으로 술버릇에 의한 심리술을 살펴보겠다. 그것은 일상적인 평범한 대화나 회식 같은 곳에서 비교적 간단히 실행할 수 있는 방법이며, 또한 술은 기호품 가운데서도 가장 대중적인 것이기 때문이다.
　기쁠 때나 슬플 때를 불문하고 우리가 술을 마시는 기회는 참으로 많다. 잘 알려져 있듯이 술에는 대뇌피질을 마비시켜 이성을 잃게 하는 기능이 있다.
　그런 까닭에 마음에 무엇인가 슬픈 일이나 잊고 싶은 일이 있을 때 술의 힘을 빌어 일시적이나마 이성의 지배에서 벗어나 해방을 맛본다. 반대로, 기뻐서 견딜 수 없을 때도 기쁜 감정을 마음껏 맛보고 싶어서 술을 찾는다.
　물론, 인간의 감정과 술의 관계는 이와 같이 간단히 규정지을 수 있는 것은 아니지만, 아무튼 술은 평소에 도덕적 제약과 사회적 제약 때문에 억압되어 있던 인간의 욕망이나 감정에 생기를 불어넣는 역할을 하고 있다.
　다시 말해서, 상대방의 술버릇을 관찰하면 일상생활에서 엿볼 수 없었던 상대방의 심리를 발견할 수 있다.
　보통 술자리에서 지나친 행동은 비교적 관대한 눈으로 봐주는 경

향이 있어서 자신도 모르게 그와 같은 분위기를 믿고 억압된 진심을 토로하는 경우 또한 많다.

'열 번째 이야기'에서도 언급했듯이, 술자리에서 농담처럼 지껄이는 상사에 대한 험담에 진심이 담겨 있다는 것도 이런 상황을 고려해 보면 충분히 납득할 수 있을 것이다.

그런데 실제로 술버릇과 관련하여 말할 때 가장 눈에 띠는 경우는 술을 마시면 사람이 홱 바뀌는 타입이다. 대개는 소심하고 심약한 성격을 가진 사람에게서 많이 나타난다.

술을 마시면 우는 사람이 있는가 하면 실없이 웃는 사람, 괜히 난폭해지는 사람이 있다. 어느 경우든 술주정과 관련이 있다는 점에서는 마찬가지인데, 술이 들어갔다 하면 말이 많아지는 경우도 여기에

덧붙일 수 있다.

우는 타입이든, 웃는 타입이든 평소에 이성에 의해 억압되어 표출되지 못했던 감정이 분출되는 것이기는 마찬가지이다. 그때 주위에 있던 사람이 그의 감정을 건드리면 대번에 깡패로 변신한다.

주정이라는 것은 술이 일정량을 넘으면 깡패로 변신하여 아무에게나 시비를 걸고 행패를 부리는 것을 말한다. 이런 사람은 원래 심약한 타입이므로, 술이 깨면 전혀 다른 사람처럼 얌전해진다. 그리고 술자리에서의 주정은 그 사람의 이성의 범위를 넘어선 두려운 행동이었으므로, 술이 깨면 취해 있을 때 했던 짓을 잊은 척하고 넘어가 버린다.

때로는 의식의 표면에 전혀 기억이 남아 있지 않고 정말로 잊어버리는 경우도 있다. 이런 사람들은 대개 일상생활에서는 선배나 상사의 명령을 잘 듣고 업무도 성실히 처리하는 착실한 사람인 경우가 많다. 그런 까닭에 내면에 억압되는 불만이나 욕구는 남보다 강한 것이라 할 수 있다.

술을 빨리 마시는 사람은 먼저 취함으로써 소심함을 커버한다

이와는 반대로, 술을 마셔도 전혀 변하지 않는(취하지 않는) 사람도 있다. 물론 정말로 술에 강한 체질도 있겠지만, 이 책의 심리술의 대상이 되는 것은 절대로 취할 만큼 마시지 않는 타입이다.

이런 타입에게는 겁 많은 사람이 건강을 생각해서 마시지 않는 사람도 있지만, 그렇지 않은 경우에는 '남 앞에서 취하지 않겠다' 즉, '진심을 토로하지 않겠다' 는 의사표시로 볼 수도 있다.

이런 타입은 자기 방어적 성격이 강하며 가령, 술 이외의 교제에서도 어느 정도 이상은 결코 상대방이 넘을 수 없는 벽을 가지고 있다. 말하자면, 넓고 얕게는 사귀어도 깊게는 사귀지 않겠다는 것이다. 나쁘게 말하면 아주 이기적인 사람이다.

또, 술자리에서 조금만 취해도 자신의 자랑을 해대는 사람이 있다. 이것은 히스테리컬한 성격을 가진 사람에게서 많이 볼 수 있는 특징인데, 자기중심적이고 자기과시욕이 강하다고 할 수 있다.

술을 마시고 이성의 속박이 느슨해짐과 동시에 그 본성이 나타나 어떤 화제를 올려도 자신과 관계가 있는 이야기가 되고 마는 것이다. 때로는 자랑거리가 출신교, 친구, 부모형제, 아내, 자녀에게까지 이르는 수가 있다.

이런 타입인 사람의 심리에는 자신의 장점을 인정받고 싶다는 불만 외에 자랑하는 것에 대해 납득이 가지 않는 욕구불만이 감춰져 있는 수도 있다. 즉, 스스로도 자신의 능력에 대해 자신이 없다고 생각하는 경우다.

다음으로 술을 마시는 템포인데, 이 특징적인 형에는 상대방을 개의치 않고 빨리 마시는 형과 홀짝홀짝 마시는 형이 있다.

빨리 마시는 형은 외향성인 사람한테 많은 것 같지만, 경우에 따라서는 극히 소심한 성격도 있다. 이는 상대방보다 조금이라도 빨리 취하여 이성을 마비시킴으로써 자신의 소심함을 커버하려는 심리작용의 표출일 수도 있다.

내가 친하게 지내는 출판사 사장이 바로 이런 경우인데, 평소에는 사원들의 사소한 실수에도 민감하게 반응하는 세심한 사람이 술자리에서는 연짱 술잔을 비워 대번에 취하고 만다.

또, 홀짝거리는 형에는 일반적으로 말해서 내항적인 사람이 많다는 것도 특징이다. 술은 마법의 물소리를 듣는 것처럼 인간에게 참으로 다양한 영향을 미친다.

내가 여기에서 언급한 심리술은 그 모든 것을 커버하는 것은 물론 아니다. 나로서는 그것을 여러분이 술을 통하여 상대방을 판단할 때의 재료로 사용해 줌과 동시에, 그때그때의 상황에 따라 그에 알맞은 탐색방법을 시도해 주길 바랄뿐이다.

기호품으로 알 수 있는 상대방 심리 8가지

1. 그 사람의 경제상태와 지위 등으로 미루어 지나치게 값비싼 기호품을 선택하는 사람은, 향상심과 함께 자신을 실제 이상으로 보이고 싶어하는 욕구를 지니고 있다.
2. 특정 품목의 기호품에 대한 집착이 강한 사람은, 일종의 편집증 타입의 성격이거나 마음의 상처로 욕구불만을 간직한 경우가 많다.
3. 기호품에서 일류로 통하는 상표에 강한 집착을 보이는 사람은, 그것을 자신의 사회적 지위의 상징으로 생각하는 것이다.
4. 상사와 똑같은 동일 기호품을 선호하는 사람은, 상사에 대해 욕구불만을 감추고 있는 수가 있다.
5. 술을 마시고 울고, 웃고, 화내는 사람은 대개 소심하고 심약한 성격의 소유자라고 한다.
6. 조금만 취하면 자신의 이야기를 하고 싶어 하는 사람은, 자기 자신에 대해 욕구불만을 갖고 있을 가능성이 있다.
7. 상대방을 개의치 않고 빨리 술을 마시는 사람 가운데는, 먼저 취함으로써 자신의 소심함을 커버하려는 사람이 있다.
8. 내향적인 사람은 자기 페이스대로 홀짝거리며 술을 마시는 경향이 있다.

13

한 가지 일에 맹목적으로 집착하는 것은 일종의 현실도피

사람은 일, 가정, 여가활동으로 생활의 균형을 취한다

우리는 보통 처음 만나는 사람과 이야기할 때, 갑자기 본론으로 들어가기보다는 될 수 있으면 공통의 '세상사는 이야기'를 찾아 화제로 삼는다. 그럴 때 가장 무난한 화제가 취미 이야기다.
"어떤 취미를 즐기십니까?"
"분재를 좀 하죠."
"젊은 분이 상당히 고상한 취미를 갖고 계시는군요."
가벼운 이야기로 시작해서 점차 본론으로 접어드는 것이 보통이다. 말하자면, 취미 이야기는 앞으로의 이야기를 진척시켜 나가는데 윤활유 역할을 하는 셈이다.

더구나 취미 이야기를 듣고 화를 내는 사람은 거의 없다. 개중에는 기다렸다는 듯이 끝없이 취미 이야기를 하며 좀처럼 본론으로 들어가지 않는 사람마저 있다.

간혹, 취미가 같기라도 하면 초면에도 백년 지기나 된 것처럼 친해져 어려운 상담 같은 것이 쉽게 풀리는 수도 있다. 입사시험의 면접에서 사장과 같은 취미를 가졌기 때문에 쉽게 합격하는 경우조차 있다고 들었다.

물론, 우리가 즐겨 취미를 화제에 올리는 것은 이야기를 매끄럽게 이어가기 위해서만은 아니다. 취미를 통해서 그 사람의 성격이라든가 사물을 보는 관점을 탐색하려는 의도가 감춰져 있는 것 또한 사실이다.

젊은 여성의 경우에 클래식 음악을 좋아하는 사람은 신경질적인 타입, 가요를 좋아하는 사람은 건강하고 세속적인 타입, 재즈를 좋아하는 사람은 자유분방하고 감각적인 타입. 팝송을 좋아하는 사람은 마이홈형의 평범한 타입이라고 할 수 있듯이 음악 하나만 보더라도 그 사람의 성격에 대해 대충 짐작이 간다.

내가 심리술의 하나로 취미를 이야기 한 것도 밖에서 엿볼 수 없는 그 사람의 생활의 한 단면이 바로 취미에 감춰져 있다고 생각하기 때문이다. 취미는 여가활동의 하나이며, 인간은 일, 가정, 여가활동 등 이렇게 3가지가 균형이 취해졌을 때 비로소 건강한 생활을 영위할 수 있는 것이다.

그 가운데서 취미는 일, 가정과 달리 인간관계에 그다지 구애되지 않고 스스로 선택하여 사회규범의 제약을 받지 않고 자유롭게 활동할 수 있는 분야다. 그런 만큼 취미 안에 그 사람의 진면목이 얼굴을 내밀고 있는 경우가 많은 것이다.

가령, 어느 사람의 취미가 갑자기 바뀌는 경우도 있다. 이럴 때 젊은 여성 같으면 애인이 생겼다든가, 비즈니스맨 같으면 유능한 상사를 모시게 됐다고 추측하는 것도 가능하다.

왜냐하면, 애인이나 상사가 자신의 취미를 강요하였다기보다는 취미를 바꾼 사람 자신의 마음속에서 무의식중에 자신을 연인과 상사와 동일시하고자 하는 바람이 생겨났다고 생각할 수 있기 때문이다.

취미에 열중하는 것은 일종의 현실도피

그런데 취미로 상대방을 간파하는 심리술에는 2가지 포인트가 있다.

첫째는, 그 사람의 취미에 대한 '열중도' 이다.

앞에서도 말했듯이, 인간은 일과 가정과 여가활동에 에너지를 적당히 분산하여 균형을 유지해 나가는 것이 보통인데, 일이나 가정에서 채워지지 않는 욕구가 생기면 그 에너지가 여가, 특히 취미 쪽으로 방향을 바꾸게 된다.

가령, 어느 회사나 일에서는 별로 두각을 나타내지 못하는 사람이 취미의 세계에서는 이름을 날리는 경우가 왕왕 있다. 이런 사람은 대개 취미 얘기가 나오면 생기를 띠지만, 일이나 가정에 관한 이야기가 나오면 갑자기 입을 다문다.

이로 미루어 이 사람은 일이나 가정에 쏟아야 할 에너지를 어떤 사정으로 쏟지 못하고 마음의 공백을 메우기 위해 전 에너지를 취미에 쏟아 붓고 있다는 판단이 가능하게 된다.

그 사정은 이야기를 전개시켜 나가는 가운데 회사나 상사에 대한 불만이거나, 학력 콤플렉스이거나 또는 부부간의 원만치 못한 성생활이거나 자녀가 없다거나하는 등으로 판명날 것이다.

물론, 사람은 누구나 어떤 의미에서 일이나 가정에 대해 불만이나 고민을 갖고 있다. 취미에 그런 충족되지 않은 욕구를 흡수하는 효용이 있음은 확실하다.

심리학에서는 이와 같은 고민이나 불안을 다른 행위로 해소하는

것을 '보상행위'라고 하는데, 그러나 과도하게 취미에 몰두하는 것은 일종의 현실도피라 할 수 있다. 말하자면, 일도 가정도 자신의 세계가 아니며 취미만이 자신의 욕구를 만족시켜 주는 유일한 도피처가 되고 마는 것이다.

이러한 상태는 때로 '고질병'이라는 평을 듣는데, 심리학적으로 봐도 일종의 병이라 할 수 있다. 가령 우표, 동물 술 난 등을 수집하는 것을 취미로 삼고 있는 사람이 있는데, 이것이 심해지면 수집광(狂)이 된다.

원래 수집이라는 취미는 한번 열중하기 시작하면 점차 자신의 세계에 몰입되는 자폐적 성격이 있어서 편집적 성격인 사람이 취미에 빠지기 쉽다. 그러나 보통은 어느 정도 거기에 열중하면 자폐성이 강한 세계에 견딜 수 없게 되어 도중에 빠져나와 정신의 균형을 회복하는 법이다.

그런데 수집광이라고 불리는 사람들은 그 편집적 성격을 더욱 증폭시켜 끝없는 수집세계로 빠져들어 간다. 수집한 것을 지나치리만큼 소중히 여겨 아내도 못 만지게 한다. 남에게 보여주고 싶어 하면서도 보여줄 때면 꽤나 유난을 떤다.

한편으로, 자신이 수집한 것은 절대로 손에서 놓지 않으려고 하면서도 남이 갖고 있는 것을 탐낸다.

이와 같은 특징이 보이면, 그 사람은 성격에 적지 않은 문제가 있다고 봐도 틀림없다. 이러한 사람이 일하는 태도를 보면, 자신의 영역에 금을 그어놓고 남이 개입하는 것을 극도로 싫어한다. 일에 대해서는 독선적이어서 자기중심적으로 끝까지 관철하려 든다.

취미가 스포츠인 사람은 정신적으로 안정되어 있다

취미로 상대방을 간파하는 심리술의 2번째 포인트는 말할 것도 없이 취미의 종류다.

취미를 혼자서 즐기는 것과 여럿이 함께 하는 것으로 크게 나누면 전자에 현실도피형 타입이 많은데 반하여, 후자는 정신안정형 타입이 많은 것 같다.

가령, 똑같은 낚시를 취미로 한다 해도 산중의 저수지 같은 곳에서 고독한 낚시를 즐기는 사람에게는 분열질(分裂質)이나 우울형의 심리

경향이 강하다. 그들은 아마도 외면에 두꺼운 껍질을 만들고 그 안에 틀어박힘으로써 정신적 안정을 찾고 있는 것일지도 모른다.

직장이나 가정에서 인간관계가 원만하지 못하고 그 때문에 고독한 세계로 도피하는 것이다. 이러한 타입이 혼자서 즐기는 취미에 열중하면 점차 자폐성이 강화될 위험이 크다.

한편으로, 전혀 모르는 사람과 한 배를 타고 배낚시를 즐기는 사람은 정신생활이 극히 안정되어 있다고 볼 수 있다. 일상적인 욕구불만을 적극적으로 취미를 통해 해소하는 것으로 보아 일과 가정과 여가 활동이 건전함을 알 수 있다.

종종 젊은 여성 가운데 결혼하려면 민물낚시를 좋아하는 사람보다는 바다낚시를 좋아하는 사람이 낫다는 사람이 있는데, 참으로 예민하게 상대방의 마음속을 간파하고 내린 결론이라고 할 수 있다.

같은 뜻에서, 스포츠를 좋아하는 사람은 정신적으로 안정된 경우가 많다 몸을 놀려 적극적으로 참가하려는 취미, 가령 모형비행기를 만들어 하늘에 날리는 취미를 가진 사람에게는 자폐성의 악순환에 빠질 위험이 거의 없다고 할 수 있다.

하나하나 취미를 열거하자면 끝이 없으므로, 마지막으로 한 가지만 취미를 통해 사람의 마음을 읽을 때 주의해야 할 점을 들어 보겠다. 그것은 어느 특정한 취미에 대해 극단적인 거부반응을 보이는 경우이다.

취미 이야기라는 것은 비록 자신에게 흥미가 없는 것이라도 적당히 맞장구를 쳐주는 것이 보통이므로, 어느 특정한 취미를 극단적으로 싫어한다면 뭔가 깊은 의미가 있다고 생각해 보아야만 한다.

전에 어느 여성과 대담을 하다가 우연히 음악 이야기를 하게 되었다. 그때까지 즐겁게 말하던 그녀의 입이 닫히면서 금방 어두운 표정으로 바뀌는 것을 보고서 나는 바로 화제를 바꾸었다.

나중에 물어 봤더니, 그녀는 음악가가 되고 싶었으나 아버지의 반대로 그 길로 나가지 못했다는 것이었다. 초등학교 시절에 사람들 앞에서 노래를 부르다가 창피를 당한 다음부터는 음악이 싫어졌다는 이유였다.

이와 같은 특정한 취미에 대한 거부반응에는 그 사람이 읽은 과거의 체험이나 콤플렉스가 감춰져 있는 수가 많다.

취미 이야기이니까 하고 가볍게 생각하다가는 모처럼 취미를 통해 상대방의 마음을 탐색할 수 있는 기회를 잃을 뿐만 아니라 상대방에게 예기치 못한 마음의 상처를 입힐 수 있으므로 주의해야 한다.

취미로 알 수 있는 상대방 심리 6가지

1. 일이나 가정에 고민이 있는 사람은 지나치게 취미에 몰두한다.
2. 극단적인 수집광은 편집적 성격의 소유자일 가능성이 높다.
3. 젊은 여성의 경우에 클래식 음악에 취미가 있는 사람은, 신경질적인 타입, 가요를 좋아하는 사람은 세속적인 타입, 재즈 애호가는 감각적인 타입, 팝송을 좋아하는 사람은 평범한 타입이다.
4. 혼자서 하는 취미를 즐기는 사람은, 파라노이아(paranoia: 편집증) 타입, 여럿이 하는 취미를 가진 사람은 정신 안정형이다.
5. 스포츠를 즐기는 사람은 정신적인 균형이 잡혀 있다.
6. 특정한 취미에 거부반응을 보이는 것은, 어떤 콤플렉스의 표출이다.

14

자기만의 세계를 갖고 있는 사람은
자신의 불만을 위로하는 것이다

인간은 애완동물을 통하여 다양한 바람을 나타낸다

　어느 조사에 따르면, 가정에서 사육되는 동물 가운데에서 가장 많은 것은 개로 전체의 21%를 차지하고, 그 다음으로 조류가 14%, 고양이가 13%라고 한다. 따라서 어느 나라에서나 개와 고양이가 애완동물로 사랑을 받고 있음은 틀림없는 것 같다.
　원래 인간이 애완동물을 기르기 시작한 것은 누군가를 복종시키고 싶다거나, 또는 누군가의 추종을 받고 싶다는 바람에서 유래된 것이다.
　그것을 기르기 시작한 순간 애완동물은 인간의 '연장자아(延長自我)'가 되는 것이다. 즉, 인간은 애완동물을 통하여 다양한 바람을 나타내고 자신의 성격적 특성을 분명히 한다.
　때로는 인간의 감춰진 욕구까지 시사하는 일이 있다. 그런 뜻에서 상대방이 어떤 애완동물을 기르는가 하는 것은 심리술의 테크닉으로서 한번쯤 짚고 넘어갈 필요가 있는 것이다.
　앞에서도 말했듯이, 애완동물의 대표는 누가 뭐라고 해도 개일 것이다. 그리고 개와 항상 대비되는 것이 고양이다.
　원래 개와 고양이의 선조는 같은데, 그 생활의 특징을 거슬러 올라가 살펴보면 개는 평원에 살았으며 집단생활이 기본이다. 먹이를 잡을 때도 집단의 힘을 빌리는 경우가 많다. 그런 까닭에 쉽게 타협하며 개개의 주장도 비교적 약하다.

이에 반해서, 고양이는 고지대에 살았다. 단독으로 행동하는 경우가 많고 먹이도 혼자 잡는다. 때문에 조심스럽고 섬세하고 독립심도 강하다.

그런데 인간도 이러한 개와 비슷한 타입의 인간과 고양이형의 인간으로 크게 나눌 수 있을 것 같다. 더구나 이 2가지 타입은 전혀 대조적인 성격을 갖고 있다.

즉, 개와 비슷한 타입의 인간은 예속적이어서 상대방의 의사대로 행동하는 경우가 많다. 타협을 잘하며 그에 따라 정도 많다. 대개 외향적이어서 상대방과도 쉽게 친해지며 떠들며 노는 것을 좋아한다. 그리고 마음속으로 느낀 것을 바로 얼굴이나 태도로 나타낸다.

외견상은 사교적이고 개방적이며 명랑하고 풍부한 인정미와 민감성을 갖춘 인상을 주며 종합적으로 말해서 조울질적인 성격의 소유자라고 할 수 있다.

한편으로, 고양이형 인간은 상대방에게 예속되는 일이 없으며 주인이 마음에 들지 않으면 도망가 버리는 고양이처럼 제멋 대로인 성격을 가지고 있다.

그러나 상호간의 인격을 인정하며 독립심도 강하다. 또 그런 만큼 자신에 대해서도 엄격하다. 물론 상대방에게도 그와 동일한 태도를 요구한다. 그리고 내향적이어서 고독한 타입이다. 감정을 겉으로 드러내는 것을 별로 좋아하지 않으며 남에게 마음을 주는 경우가 거의 없다.

외견상으로는 비사교적이고 내성적이며 또한 편집증이 있는 듯하며 냉정하고 둔감한 듯한 인상을 준다. 이것은 분열질적인 성격의 특징이기도 하다.

어떤 종류의 개를 좋아하느냐로
상대방의 성격을 파악할 수 있다

　그러면 먼저 개를 즐겨 애완동물을 기르는 인간부터 살펴보기로 하자.
　일반적인 성격은 앞에서 말한 대로인데, 또 어떤 종류의 개를 좋아하는가에 따라서도 성격과 심리가 미묘하게 달라진다.
　가령, 불독처럼 못생긴 개만 기르는 사람은 자신의 용모에 자신이 없는 경우가 많다. 자신보다 못생긴 개들을 가까이에 두고서 비교 효과에 의해 조금이라도 자신의 용모에 대한 불만을 커버하려는 의도가 내재되어 있는 것이다.
　셰퍼드나 세인트버나드 같은 덩치 큰 개를 기르는 사람은 그 덩치에 빗대어 자신의 경제력과 사회적 지위를 상대방에게 과시하고 싶어 하는 허영심 많은 사람일 경우가 많다.
　한편, 전국을 통해 1~2마리밖에 없는 그런 값비싼 개를 기르는 사람은 일반적으로 히스테리컬한 성격인 경우가 많다. 이런 사람에게는 애완동물이 자기과시욕의 도구일 뿐이다.
　사람들 중에는 국산 개만 기르는 사람도 있다. 이런 사람은 지배욕이 강한 군림형이라고 생각할 수 있다. 왜냐하면, 서양개에 비해 국산개는 주인에 대한 충성심이 강하여 주인이 자기 뜻대로 하고 싶어 하

는 욕구를 거의 완전에 가깝게 만족시켜 주기 때문이다.

군림형과 독재형 인간은 일반적으로 편집증적인 성격이기 때문에 매사에 시기심이 강한데, 그런 사람한테 아무에게나 애교를 떠는 서양개가 마음에 들 리 없을 것이다. 이에 반해서, 푸들이나 스피츠처럼 예쁘장한 개를 기르는 사람은 평범한 타입이라고 할 수 있다.

그런데 개와 고양이 말고 비교적 많은 사람이 기르는 애완동물로 물고기와 조류가 있다. 잉어, 열대어, 십자매, 잉꼬 등 물고기와 조류는 개와 고양이에 비해 반응이 둔하다. 이런 것을 좋아하는 사람은, 일반적으로 애완동물을 자기 방식대로 사랑함으로써 자기만의 세계를 갖고자 하는 타입이기도 하다.

　이와 같이 기르는 애완동물의 종류 외에 상대방의 심리나 성격을 간파하는 포인트가 되는 것으로 그것들을 다루는 태도를 들 수가 있다.

　이것은 특히, 여성에게서 많이 볼 수 있는데, 작은 개나 고양이를 무릎 위에 올려놓거나 치켜 올리고 말을 하거나 뺨을 비비고 뽀뽀를 하는 등 귀여워하는 사람이 있다.

　이것은 명백히 애정에 대한 욕구 불만이 상대방의 심리에 있음을 나타낸다. 즉, 자신이 애정을 쏟을 상대방이 없는 데서 오는 불만을 애완동물을 귀여워함으로써 해소하는 것이다.

　심리학에서는 이것을 보상만족이라 부른다. 남편과 사별한 미망인, 남편에게 배반당한 아내, 자녀가 없는 여성, 30살이 넘었는데도 결혼하지 못한 여성 등에게 많은 타입이다.

자신의 수집품을 자랑삼아 내보이는 사람의 심리

　한편, 애완동물과 다르지만 같은 '연장자아' 로서 인간의 심리를 반영하는 것이 애용품이다. 게다가 오랫동안 애용하는 물건일수록 보다 명확히 그 사람의 심리와 성격을 말해주는 법이다.

　가령, 어렸을 때 부모가 사준 곰인형을 대학생이 되어서도 애지중지하는 여성을 때로 볼 수가 있다. 그것을 가까이 두고 있지 않으면 밤에 잠이 오지 않느니 피로가 풀리지 않느니 하면서 손에서 떼려고 들지 않는다.

　이런 여성을 발달심리학적 측면에서 진단해 보면, 유아시대의 응석 심리가 어른이 되어서도 지속되고 있다고 할 수 있다. 부모의 그늘에서 벗어나고 싶지 않다는 바람이 지나치게 강하여, 정신적으로 전혀 미발달 단계에 있으니 만큼 업무상의 파트너와 결혼 상대자로서는 부적격이다.

　누구나 첫사랑의 연인이나 남모르게 흠모하던 사랑의 정표는 쉽사리 손에서 놓지 않는다. 가령, 결혼한 후에도 아내 또는 남편 몰래 감춰두는 일이 많다.

　그런데 여성이 아버지의 물건인 시계를 평생 간직한다든지, 반대로 남성이 주머니 속에 어머니 사진을 넣어 가지고 다니는 정도라면 약간 의미가 달라진다. 전자는 심리학에서 말하는 일렉트라 콤플렉스이고, 후자는 오이디푸스 콤플렉스의 표출이다.

　일렉트라 콤플렉스(오이디푸스 콤플렉스)란 여성(남성)이 아버지(어머니)에게 애착을 가지고 어머니(아버지)에게 반감을 나타내는 경향을 말하는데, 앞에서 예로 든 사람의 경우엔 이와 같은 경향이 마음속에 뿌리 깊게 남아 있는 것이다.

　어느 쪽이든 이런 사람과 결혼하면 상대방의 아버지(어머니)와 동거하지 않더라도, 또한 이미 죽은 경우라도 가정 안에서는 상대방의 아버지(어머니)와 자신이 라이벌관계에 설 수밖에 없다.

　내가 아는 여성 가운데 하나는, 중학교 서예대회에서 입상하여 받은 문진(서예할 때 종이가 움직이지 않도록 고정시키는 도구 -주)을 30세가 지난 지금까지도 은밀히 애용하는 사람이 있다 그녀는 과거의 영광을 거듭 맛봄으로써 현재의 자신이 놓여 있는 상황에 대한 불만을 위로하는 것이라고 할 수 있다.

　아울러, 어떤 상품으로 받은 기념품이나 상장, 또는 골동품과 미술품이나 수집품 따위를 때로 남에게 주고 싶어서 안달하는 것은, 자신의 존재를 크게 부각시키고 싶어 하는 자아 확대욕구의 표출이다.

애완동물과 애용품으로 알 수 있는 상대방 심리 13가지

1. 고양이를 애완동물로 기르는 사람은, 강하고 자기중심적이지만 자신에 대해서는 엄격하다.
2. 개를 기르는 사람은 일반적으로 의존적이고 다정다감하다.
3. 불독 같은 얼굴이 못생긴 개를 선호하는 사람은, 자신의 용모에 자신이 없는 경우가 많다.
4. 셰퍼드 같은 커다란 개를 기르는 사람은 허영심이 강하다.
5. 값비싼 개를 기르는 사람은, 히스테리컬한 성격인 경우가 많으면 자기과시욕도 강하다.
6. 토종 견만 기르는 사람은 자기중심적 성격에 매사에 시기심도 강하다.
7. 새나 물고기를 기르는 사람은, 고독 벽이 있어서 대인관계를 거추장스러워하는 경향이 있다.
8. 애완동물을 지나치게 사랑하는 여성은, 애정에 대한 욕구불만이 강하다.
9. 어른이 되어서까지 인형을 손에서 놓지 못하는 사람은, 상대방에 대한 의존이 강하며 정신구조도 유아적이다.
10. 아버지의 유품을 평생토록 갖고 있는 여자는, 일렉트라 콤플렉스가 강하며 시어머니와의 관계도 좋지 않을 가능성이 많다.
11. 어머니의 유품을 항상 몸에 지니고 다니는 남성은, 오이디푸스 콤플렉스가 강하여 아내와 충돌이 잦다.
12. 과거의 영광을 상징하는 물건을 애지중지하는 사람은, 자신의 현재 위치에 불만이 많다.
13. 자신의 골동품이나 미술품과 수집품을 남에게 보여 주고 싶어 안달하는 것은, 자기확대욕구의 표출이다.

15

지나치게 엄격한 교육은 결벽증을 낳는다

기업에서 꺼리는 장남

들리는 바에 따르면, 최근 기업에서는 신입사원을 채용할 때 장남이나 외아들을 의식적으로 꺼리는 경향이 강하다고 한다.

이런 얘기를 들으면, 학생 가운데는 내가 원해서 장남이나 외아들로 태어난 게 아닌데, 그 이유만으로 나의 인격을 판단 받는다는 것은 있을 수 없다고 비판하는 사람도 있을 것이다. 같은 이유로 편모슬하에서 자란 학생이 취직할 때 불이익을 당하는 것도 약간 납득하기 어렵다.

이런 일은 취직문제에서만 국한되지는 않는데, 가정환경이나 성장과정만으로 그 사람을 판단하는 것은 너무 편파적이지 않은가 하는 생각이 든다.

같은 외아들이라도, 또는 같은 편모슬하라도 부모의 교육방침이나 주위의 환경에 따라 전혀 다른 인격이 형성된다는 것은 아무도 부정할 수 없는 사실일 것이다 그렇지만, 그 사람의 성장과정의 성격과 기질이 무의식적인 욕구에 큰 영향을 미친다는 것은 심리학적으로도 확인되고 있다.

"인간의 개성은 사회적 환경 특히, 성장과정에 의해 크게 좌우된다."

오스트리아의 정신분석학자 A. 아들러는 이렇게 주장했다. 그는 어렸을 때 병 때문에 주위의 차가운 눈길을 의식해야 했으며, 형과 극심한 경쟁을 벌인 쓰라린 경험을 안고 있다.

아들러는 '가정 안에서의 어린이의 위치'를 인격형성의 중대한 요소로 파악하여 외동(아들 또는 딸)은 귀염을 받고 자란 환경(성장한 가정의 성격, 행동경향) 안에서 성장하는 경우가 많으므로, 간혹 정서발달이 불안정하여 역경에 대한 인내력이 결핍되는 경향이 있다고 지적 하였다.

사실, 기업의 인사담당 베테랑들은 이력서나 신상명세서를 보지 않고도 취직 희망자의 성장과정을 첫눈에 알아본다고 한다. 초등학교 교사한테서도 같은 이야기를 들은 적이 있다.

이런 점에서, 문득 흘리는 그 사람의 성장 과정을 그 사람의 성격과 사고를 이해하는 단서로 삼는 것도 하나의 방법이라고 하겠다.

집단생활에 약한 외동

보통 우리가 초면인 사람과 나누는 대화 가운데 성장과정과 관련된 것이라고 하면, 아무리 교묘하게 이야기를 끌어낸다 하더라도 장남인가 차남인가, 양부모가 건재한가, 출신지가 어딘가, 유복한 환경에서 자랐는가 하는 정도일 것이다. 그 이상 이것저것 캐물으면 마치 형사가 신문하는 것처럼 돼버려서 마찰이 일어날 수도 있다.

그렇다면 어떤 사람이 지방의 어느 가난한 농가의 차남이라는 것을 알았다면, 그 사람에 관해서 어떤 프로필을 그려낼 수 있을까?

한마디로 말해서, 아마 그 사람은 권력지향형이며 누구의 힘도 빌리지 않고 목적을 향해 한 걸음 한 걸음 전진하는 끈질긴 성격의 소유자일 것이다. 만일, 그가 서울 번화가의 유복한 상가의 외아들이라면 권력이나 금전에 대한 집착이 약하고 허약한 체격에 태평한 성격의 응석받이가 아닐까 하고 대충 짐작이 간다.

여기서 성장과정으로 상대방을 읽는 심리술의 단서로써 각각의 일반적 특징을 들어보자.

먼저, 장남은 독립심이나 활동성이 약한 얌전한 성격의 소유자가 많다. 이에 반하여, 차남은 독립심과 경쟁심이 강하고 비교적 야심가가 많은 편이다. 한편으로, 막내는 귀여움을 받으며 자란 탓인지 의타심이 강하고 정서적으로 불안정하여 자기주장이 강한가 하면 바로 상대방과 타협하는 등의 성격특성이 현저하다.

핵가족화에 따라 최근 급증하는 외아들은, 형제끼리 접촉할 기회가 없어서 그런지 아무래도 집단생활에 약한 것 같다. 부모의 애정을 한 몸에 받으며 자란 탓인지 이기적이고 자기중심적이며, 아울러 독립심이나 생활력이 약하며 정서적으로도 미숙하다는 결점이 있다.

어렸을 때부터 어른과의 접촉이 많으므로 어딘지 모르게 어른스럽고 인격적으로도 조숙하며 지능이 상당히 발달해 있다. 항상 스포트라이트가 자신을 비추길 원하며 그렇지 못할 때 불안을 느끼는 성격이어서, 상대방의 출세와 공적에 대해 비정상적으로 질투심을 불태우는 경우가 많다.

가정환경을 프로이드 이상으로 중시한 아들러는, 아이의 성격에 미치는 부모의 영향을 무시할 수 없다며 유아기에 한쪽 부모 밑에서 자라면 성격적으로 왜곡되기 쉬움을 지적하고 있다.

　가령, 어머니가 없는 아이는 대인관계가 원만치 못하며 집단생활을 영위함에 있어서도 상대방에 대해 비협조적이며 시기심이 강하다고 한다.
　한편, 아버지가 없는 아이는 생활력이 빈약하며 일에 대한 책임감이 결핍된 경우가 많다. 물론, 이러한 결점도 사회생활을 영위해 나가면서 교정되지만, 본인이 자각하지 않으면 그러한 결점이 반대로 고착될 위험도 매우 큰 것이다.
　출신지에 관해서 말하자면, 기후가 온난하고 풍부한 사계절 음식을 맛볼 수 있는 지역의 출신은 여유가 있는 성격이지만 패기가 약하다는 특성을 갖는 등 기후와 지형과 같은 풍토가 성격형성과 관련이 있음은 사실이다.

그렇지만 나는 오히려 출신지를 도시형과 농촌형으로 나누는 것이 그 사람을 아는 단서로서 중요하다는 생각이다. 일반적으로 도시형은 연약한 타입이, 농촌형은 끈질긴 타입이 많은 것 같다.

마찬가지로, 가정의 경제적 여건도 성격형성이나 사물을 보는 눈에 커다란 영향을 미친다. 극히, 일반적으로 말하면 가난한 집에서 성장한 사람은 금전이나 권력에 대한 집착이 강하며, 유복한 집에서 성장한 사람은 비교적 담백한 편이다.

어린이에게 여러 화폐를 보여주고 눈에 비친 화폐의 크기와 실제의 크기를 비교하는 실험을 한 적이 있는데, 가난한 집의 아이일수록 화폐를 실제보다 과대하게 평가하는 경향이 있었다고 한다.

부지불식간에 고개를 내미는 유아체험

이제까지 본 바와 같이 유아기의 환경에 의해 그 사람의 성격이나 기질은 어느 정도 추측할 수 있지만, 물론 그 후의 사회체험에 의해 성격과 기질이 변한다는 것은 두말할 나위 없다.

장남이라도 독립심이 왕성한 사람이 있는가 하면 도시출신이라도 강건한 정신의 소유자를 얼마든지 볼 수가 있다. 그것을 일반론으로 가르려고 하면 도리어 그 사람을 잘못 볼 우려가 있다. 되도록 다른 심리술을 병용하여 객관적이고 종합적으로 상대방을 보는 눈을 기르기 바란다.

그렇지만 유아기에 형성된 성격이나 기질이 그 후의 체험에 의해

완전히 사라지는 것은 아니다. 흥미로운 것은 위기적 상황이나 새로운 인간관계가 시작될 때, 평상시에는 전혀 볼 수 없었던 원시적인 심성이 문득 고개를 내미는 일이 많다는 점이다.

유아기에 지나치게 엄격한 몸가짐의 교육을 받은 여성이 성적으로 결벽증을 보이는 것까지는 좋은데, 그 여성이 결혼 후에 불감증으로 고민을 호소해 오는 경우를 흔히 볼 수 있다.

얼마 전에도 어느 젊은 남성이 애인문제로 상담하러 온 적이 있었다. 약혼까지 했고 결혼식도 얼마 안 남았는데, 키스는 물론 손목도 못 잡게 한다는 것이었다. 요즘 젊은 여성들치고는 정말 되바라지지 않았다고 감탄했지만 이것은 확실히 비정상이다.

두 사람을 불러놓고 이런 저런 얘기를 하면서 원인을 찾는 가운데, 그녀는 화제가 섹스 이야기에 이르면 그렇게 생각해서 그런지 얼굴 표정이 딱딱하게 굳어진다는 사실을 눈치 챘다.

결국, 그녀는 유아기에 모르는 남성한테 성적 희롱을 당한 것이 마음의 상처가 되어 일종의 결혼 공포증에 걸리게 되었음을 알아냈다. 이 여성의 경우에서 보듯이, 원인불명의 결혼 공포증과 대인 공포증은 유아기의 체험에 그 뿌리가 있는 경우가 적지 않다.

남성도 실직이나 도산 같은 난관에 봉착하면 자신의 껍질 안으로 숨어 들어가 극도의 대인 공포증에 빠지는 사람이 있다. 이와 같은 경우에도, 그 원인을 캐보면 외아들로 유아기에 응석받이로 자라다가 자주 결석했던 사실이 드러나는 수가 종종 있다.

성장과정으로 알 수 있는 상대방 심리 7가지

1. 장남은 독립심과 활동성이 부족하고 얌전한 성격인 경우가 많다.
2. 차남은 일반적으로 경쟁심이 강한 야심가다.
3. 막내는 의타심이 강하고 정서적으로 불안한 사람이 많다.
4. 외동은 지능적인 면에서는 발달되어 있어도 집단생활에 약한 경향이 보인다.
5. 어머니가 없는 가정에서 자란 사람은, 대인관계가 매끄럽지 못하며, 아버지가 없는 가절에서 자란 사람은, 일에 대한 책임감이 부족하다.
6. 도시형은 연약하고 농촌형은 강인하다.
7. 가난한 가정에서 자란사람은 권력이나 금전에 대한 집착이 강하다.

16

돈은 욕망충족의 메커니즘

돈 씀씀이를 보면 그 사람의 욕망의 메커니즘을 알 수 있다

"돈은 사람을 바꾼다."
평소에는 대인관계에도 원만하고 돈에 대해서도 너그러웠던 사람이, 복권에 당첨되어 큰돈을 거머쥔 순간부터 사람이 바뀌어 지독한 구두쇠가 되는 수도 있다.
사이가 좋았던 부모와 형제와의 관계가 유산상속을 둘러싼 싸움으로 엉망이 되고 말았다는 이야기도 종종 들린다.
그러나 이와 같은 예도 돈이 그 사람의 성격을 바꾸었다기보다는, 오히려 그때까지 표면에 나타나 있지 않았던 상대방의 심리가 돈을 매개로 해서 바깥으로 드러나게 되었다고 보는 것이 타당할 것이다.
돈이란, 현대의 경제사회에서 욕망충족의 유일하고도 정당한 수단이라고 할 수 있다.
또한, '지옥도 돈만 있으면 천당' 이라는 말이 있을 정도로 돈을 쓰는 것은 단순한 '충족수단' 에 머물지 않고 '욕구 그 자체' 라고 해도 과언이 아닐 만큼, 그 사람이 지닌 욕구의 가장 직선적인 표현인 것이다.
"경제학이란 제한된 자원을 다수의 목적에 따라 보다 잘 분배하는 인간행동을 연구하는 학문이다."
영국의 경제학자 로빈즈는 이렇게 지적하였다. 이 '제한된 자원' 의 가장 단적인 것이 '돈' 이다.

뒤뜰에 '돈'이 열리는 나무가 있든가, 아니면 '돈 나와라 뚝딱!' 하면 돈이 쏟아지는 '도깨비 방망이'를 갖고 있는 사람이 아닌 한, 돈이라는 것은 무제한으로 있는 것이 아니다.

각각의 경제규모에 의해 다른 것은 물론이지만, 어느 경우든 자신이 쓸 수 있는 돈은 일정하게 제한된 양밖에 없다. 그 일정량을 무엇에 얼마만큼 그리고 어떻게 쓰는가 하는 그 사람의 경제행동에는 그가 지닌 욕구의 강도에 따라 우선순위, 또는 욕망의 배분법칙이 여실히 반영된다고 할 수 있다.

돈 씀씀이가 그 사람의 정신구조 특히, 상대방의 심리상의 욕망의 메커니즘을 아는데 유력한 단서가 되는 까닭이 여기에 있다.

돈 씀씀이를 크게 나누면 구두쇠형과 헤픈형이 있다.

남편이 바람을 피운다는 사실을 알게 된 부인이 충동구매를 하는 이유는?

먼저 구두쇠형으로, 이것은 소위 경제관념이 확실한 타입으로 매달 수입이 이 만큼이므로 생활비도 그 안에서 하되 저축은 이 만큼 하는 식으로 빠듯하게 예산을 세우는 사람이다.

회사를 마치고 귀가하는 길에 잠간 포장마차에 들렀는데도, 그날 그때의 기분보다 '이번 달 술값 예산이 얼마 남았는가'를 먼저 머리에 떠올리는 타입이다. 여러 사람이 먹으면 물론 각자부담이다.

이런 사람은 성격적으로 전간질인 경우가 많다.

간간한 장사꾼에게서 볼 수 있는 전형으로, 견실한 인간이자 결코 기분에 좌우되어 분수에서 벗어나는 일이 없는 신뢰할 만한 인품이다. 하지만 인간적인 재미는 부족할 것이다. 정에 흐를 걱정이 없는 대신에 타산적인 차가움이 있다.

이에 반하여, 돈을 펑펑 쓰는 사람은 어느 편인가 하면 조울형 인간에게 많다. 여럿이 술을 먹고도 기분이 좋으면 자신이 내는 편이다. 좋게 말하면 호걸, 나쁘게 말하면 금전감각이 제로다. 돈이 있을 때는 펑펑 쓰고 없으면 무일푼인 이런 상태의 반복이다.

"하룻밤 남아나는 돈이 없다."

이런 말이 적용되는 사람은 장래생활에 대비한 저축 같은 것은 전혀 개의치 않는 사람이 그 전형이다. 이런 사람들은 거의가 조울질 성격을 갖고 있다.

그런데 똑같이 돈 씀씀이가 헤퍼도 이런 타입과 다른 경우가 있다. 가령, 충동구매 같은 것이 그렇다. 이런 타입은 히스테리컬한 성격이 많은데, 유행의 첨단을 걷겠다는 의욕이 강해서 장신구나 의복에 정도 이상의 돈을 쓴다. 또한, 해외여행을 가더라도 꼬박꼬박 저축해서 가는 것이 아니라 남에게 꿔서라도 우선 가고 본다는 식이다. 욕구를 억제하지 못하며 허영심도 강한 편이다.

이와 같이 히스테리컬하게 돈을 펑펑 쓰는 사람 가운데는 때로 상대방의 심리에 뭔가 욕구불만을 갖고 있는 경우가 많다. 특히, 여성들의 충동구매에 그 같은 경향이 강하다.

남편이 바람을 피운다는 사실을 알게 된 어느 여성은, 그때까지 10년 남짓 저축해 온 저금을 전부 인출한 다음 그 돈을 가지고 백화점에

가서, 눈에 보이는 대로 물건을 사서 그 날로 다 써버렸다고 한다.

   남편에 맞서 자신도 바람을 피워 볼까하는 생각도 해봤지만, 그렇게까지 할 용기는 없었다. 그래서 그 욕구불만을 평소에 가지고 싶었지만 꾹 참았던 값비싼 물건들을 사는 행위로 보상을 시도한 셈이다. 갑자기 필요도 없는 물건을 충동적으로 구매하는 사람은 뭔가 욕구불만으로 가득 차 있다고 봐도 틀림없다.

   도시 번화가의 고급 의상실에서 1백만 원짜리 스카프, 3백만 원짜리 드레스 등 그 값이 상식을 초월하는 물건을 태연히 사들이는 사람이 많은데, 이들은 대개 24시간 근무로 심신이 스트레스와 욕구불만으로 가득 차 있는 개인병원 의사 부인들 또는 유사한 유한부인들이라는 것도 일면 수긍이 가는 얘기다.

끼니를 거르면서도 취미에 돈을 쏟아 붓는 사람의 심리

　금전행동을 심리술 측면에서 볼 때, 흥미 있는 것은 지출과목의 밸런스가 어느 한쪽으로 현저하게 편향된 경우다.
　가령, 단칸짜리 아파트에 살며 입는 것도 먹는 것도 근근이 꾸려나가는 처지에 자신이 좋아하는 취미분야에만은 아낌없이 돈을 쓰는 사람을 간혹 볼 수 있다. 그리고 대개의 경우, 그렇게 돈을 들이는 분야가 값비싼 옷이거나 자동차거나 아니면 오디오 분야다.
　생활과 취미의 주객이 완전히 뒤바뀐 셈이다. 그들의 심리에는 모종의 콤플렉스가 자리 잡고 있다고 봐도 크게 틀리지 않을 것이다.
　이제까지 내가 보아 온 예로는 성적인 콤플렉스가 많았던 것 같은데, 아무튼 그 콤플렉스가 의식주라는 사회의 기본적인 생활분야에도의 관심을 저해하고 자기만의 세계를 만들어주는 취미의 세계로 도피시켰다고도 볼 수도 있다.
　이러한 경향이 강한 사람은 외부사회에 피해의식을 갖고 있으므로 성격적으로 무뚝뚝하여 인간관계가 매끄럽지 못하다. 그러나 그런 만큼 같은 취미를 가진 사람과는 백년지기나 된 듯이 의기투합하는 것이 특징이다.
　한편, 돈을 저축한다는 것은 본래 무엇인가에 쓰기 위함일 터인데, 저축하는 데 너무 집착하는 나머지 수단이 목적으로 바뀌어 버리는 예도 있다.
　찢어지게 가난한 생활을 하면서도 수억 원의 돈을 모아놓고 죽었다는 사람에 관한 기사를 종종 TV나 신문 같은 것에서 볼 수 있다. 이런 사람의 심리에는 돈에 대한 과도한 콤플렉스가 있다고 봐도 틀림 없다.

내가 아는 백화점 친구한테서 들은 이야기인데, 고급 귀금속매장 같은 곳에는 때로 '어떻게 이런 사람이…' 하는 생각이 들 정도로 초라한 차림새를 한 실업자 같은 사람이 와서 진열장을 둘러보는 경우가 있다고 한다.

그러나 점원한테는 상대방이 아무리 옷차림이 누추하더라도 고객으로 대접하도록 교육시키고 있다. 왜냐하면, 그런 차림새를 한 사람일수록 몇 천만 원짜리 골프채나 다이아몬드반지를 선뜻 사는 수가 있기 때문이라는 것이다.

현금만을 신용하는 사람은 내향적인 분열질

식사나 일상생활에는 거의 돈을 쓰지 않으면서도 도시 근교나 시골에 여러 개의 별장을 두고 있는 사람이 있다 이것은 단순히 편향된 지출행동을 보이는 성격과는 다소 양상이 다르다.

그는 자기 나름대로 최고의 금전철학을 갖고 있는 것이다. 그 철학에 따르면, 집에 냉방기를 달고 쾌적한 생활을 영위하려는 것은 사치지만 별장을 갖는 것은 결코 사치가 아니라는 얘기다.

왜냐하면, 냉방기는 세월이 지나 노후하면 가치가 제로지만 별장은 해가 감에 따라 땅값이 상승하여 가치가 점점 올라가기 때문이라는 것이다.

    이 주장의 타당성 여부는 차지하고라도 이와 같은 합리주의에 입각하여 돈을 쓰는 사람은 분열질과 편집증적인 성격이 섞여 있다고 하겠다. 자신이 하는 일에 나름대로 합리적인 이유를 붙이지 않고는 결코 납득하지 못하는 사람인 것이다.

    또 어떤 사람은 스스로 '마이너스 인생'을 표방하고 있다. 남에게 꾼 돈으로 쓰고 싶은 대로 써서 수지를 항상 마이너스 상태로 해 놓는다는 것이다. 그 대신 젊었을 때 몇 억 짜리 생명보험을 들어놓고 죽었을 때 보험금으로 수지를 제로로 하겠다는 것이다. 이것은 분열질과 히스테리 기질이 혼합된 성격이라 할 수 있다.

    또한, 어떤 사람은 이미 공장을 여러 개 가지고 있는 회사의 사장인데, 그는 사업을 하면서도 일반적인 은행거래를 하지 않는다. 자신의 집 지하에 튼튼한 금고를 설치해 놓고 전 재산을 현금으로 바꿔 거기에 보관하며, 사업상 결제도 금액의 고하를 막론하고 수표나 어음을 사용하지 않고 모두 현금으로 처리한다.

그의 이야기에 따르면, 그가 어렸을 무렵 장사를 하던 아버지가 부도수표를 가지고 있다가 도산하여 일가가 밑바닥 생활을 한 적이 있는데, 그 이후 현금 이외의 것은 믿지 못하게 되었다는 것이다.

이렇게 은행을 믿지 못하는 사람이 예상 밖으로 많은데, 이런 사람들은 성격적으로 내향성의 분열질인 경우가 대부분이다.

현금 이외에는 믿지 못한다는 것도 일종의 노이로제이다. 어렸을 때 목욕탕에 빠져 혼난 적이 있는 사람은 어른이 되어서도 물이 무서워 배를 타지 못하는 것과 같은 종류다.

돈으로 알 수 있는 상대방 심리 8가지

1. 구두쇠형으로 예산에 맞춰 빠듯하게 돈을 쓰는 사람은, 신용은 할 수 있지만 인간적인 면이 부족하다. 또 정에 흐르는 일이 없는 대신 타산적인 냉정함이 있다
2. 있을 때는 펑펑 쓰고 없을 때는 무일푼이 되는 사람은, 조울질인 사람이다.
3. 돈을 꿔서라도 사고 싶은 물건을 사는 사람은, 히스테리 기질이어서 욕구를 감추지 못하며 허영심도 강하다.
4. 여성의 충동구매는 욕구불만에 의한 것일 경우가 많다.
5. 생활비를 무시하고 취미에 돈을 쏟아 붓는 사람은, 편집증적 성격임과 동시에 마음 깊은 곳에 성적인 콤플렉스가 자리하고 있는 경우가 많다. 또 무뚝뚝하여 붙임성이 없지만 동호인과는 얼른 친해져 죽고 못 사는 사이가 되는 타입이다.
6. 돈을 저축하는 것 자체에서 기쁨을 느끼는 사람은, 돈에 대한 강렬한 콤플렉스가 있는 경우가 많다.
7. 생활비를 희생해서까지 투자에 집념을 보이는 것은, 매사에 이유를 붙이지 않으면 납득하지 않는 타입이다.
8. 은행을 신용하지 않고 현금만을 믿는 사람은, 내향성의 분열질인 성격이다.

17

일은 삶의 양식

실패에 대한 반응으로 상대방의 성격을 알 수 있다

최근 젊은이들의 의식조사를 해보면, 일을 생활의 보람으로 생각하는 타입이 해마다 감소하고 여가를 살려 자신의 취미대로 살고 싶다고 대답하는 사람의 수가 눈에 띠게 증가하고 있다.

그들은 일을 삶의 양식을 얻는 방편으로 생각하는 셈인데, 그런 그들도 생활의 태반을 직장에서 보내야 한다. 하물며 높은 책임을 지는 중간 관리직이라도 되면 생활 = 일이라는 등식이 성립하는 것도 결코 이상하지 않다.

이와 같이 샐러리맨의 공통된 상황 하에서는 아무리 억눌러도 그 사람의 성격과 행동양식 등은 일의 어딘가에 고개를 내미는 것이 당연한 현상이다.

'저 사람은 타협을 모르는 냉철한 사람' 이라느니, '우유부단하기가 여자 같은 사람' 이라고 하는 직장에서 자주 들을 수 있는 평가도, 그러한 작업태도에 나타나는 징후로 판단해서 하는 말이다.

내가 이 장에서 말하고자 하는 것은, 그러한 일반적인 성격과 특징의 진단뿐만 아니라 상대방 자신조차 깨닫지 못하고 있는 욕구까지도 일에 대한 태도를 통해 간파하려는 심리술이다. 그 사람의 성격을 판단할 때 아주 효과적인 척도 가운데 하나는, 일에 대한 책임을 어떻게 지는가와 어떻게 느끼는가 하는 것이다.

프로이드 이후 심리학자인 융은, 심적 에너지가 밖으로 향하는가 안으로 향하는 가로 외향적 성격과 내향적 성격으로 나누었다. 그 설에 따르면, 책임은 둘째로 치고 우선 일할 기회를 잡으려는 사람은 외향적인 성격이며, 일을 맡기 전에 책임을 생각해서 주저하는 사람은 내향적인 성격이라고 한다.

이것은 어디까지나 일에 임하는 태도에 따른 분류인데, 내 경험에 비추어 봐도 대개의 경우는 맞는 것 같다. 그 책임에 대한 태도의 차이는 일의 결과가 나왔을 때 특히, 실패로 끝났을 때 더욱 현저하게 드러난다.

한 가지 타입은 모든 것을 자신의 책임으로 귀속시키는 형이다. 이번 달 매상이 떨어져 자신이 속한 부서가 공격받게 되었을 때도 지탄받는 부서장 이상으로 자신의 책임을 생각하는 사람이다.

"자식이 죄를 지은 것도 내 잘못, 내가 죄가 많은 년이여…,"

소위 이렇게 절박한 심리상태에 빠져드는 것이다. 이것은 '자책(自責)'이라 불리는 현상인데, 이것이 고조되면 진짜 노이로제에 걸리게 된다. 이런 사람은 로젠트와이크가 규정한 내벌적 반응형(內罰的 反應型)들 인간이라고 할 수 있을 것이다.

반대로, 책임을 모두 다른 원인으로 돌리고 자신은 책임에서 도망치려는 사람도 있다. 앞의 규정에 따르면, 외벌적 반응형이라고 할 수 있겠다. 이런 사람은 같이 팀을 이루고 있는 동료들로서는 얄밉기 짝이 없는 타입이다.

로젠트와이크에 따르면 또 하나 사건의 원인을 잘 분석해서 자신에게 책임이 있으면 자신이 책임을 지고 외부에서 책임을 발견하면 그것을 타파해 가는 비벌적(非罰的) 반응형이 분류되고 있는데, 이것은 어디까지나 이상적인 인간상일 뿐 현실적으로는 보기 힘든 타입이다.

　대개는 앞의 양극단까지는 가지 않더라도 어느 쪽으로 기우는 반응을 보이게 마련이다. 어느 쪽으로 기울어지든 대개는 각인각색의 방식으로 실패의 아픔을 벗어난다. 또 그렇게 하지 않고서는 냉엄한 비즈니스 전선에서 살아남을 수 없다.

　그런데 개중에는 이러한 실패가 빌미가 되어 바로 노이로제에 걸리거나, 그 이후 자꾸 실패를 거듭하다가 마지막에는 회사까지 그만두고 마는 등 큰 후유증을 보이는 사람이 있다.

　이런 반응은 어느 경우이든 나약한 성격에서 비롯되는 것인데, 전자는 극히 욕구불만으로 인내성이 낮은 타입이다. 즉, 응석받이로 귀여움을 받으며 자란 그 사람의 성장과정에 원인이 있는 경우가 많으며 실패가 원인이 되어 강한 욕구불만이 발생하면 순식간에 정신적인 붕괴에 이르는 것이다.

　최근 젊은이들 가운데 이와 같이 정신적으로 나약한 사람이 늘고 있다는 관리직 임원들의 한탄을 종종 듣게 된다. 이 역시 핵가족화와 그에 따르는 과보호가정이 급증함에 따른 것이라고 하겠다.

　그리고 후자처럼 한번 실패에 눈사태가 나듯이 능력이 감퇴하는 현상은 심리학에서 말하는 '퇴행현상(退行現象)'의 일종이다. 자신의 능력에 자신을 잃었을 때 그 틈을 메우기 위해 나이를 거꾸로 먹는 바꿔서 말하면, 실제 갖고 있는 능력보다 1~2단계 아래의 능력으로 돌아가 버리는 것이다.

　이것은 실패 시에 주위에 있는 사람들이 그를 경멸하는 태도를 취했을 때, 내향적인 사람에게서 현저하게 나타나는 현상이다.

이것이 외향적인 사람 같으면 밖에서 술을 마신다거나 이성과 즐김으로써 발산시킬 수 있는 것이지만, 내향적인 사람은 고민을 마음속에 차곡차곡 담아두는 것이다.

현실로의 도피가 일상적으로 정착된 '일 중독현상'

이제까지 일에 대한 책임과 결과에 대한 반응을 통한 심리술을 살펴보았는데, 실제 일 자체에 대한 몰입도를 통해서는 무엇을 읽을 수 있을까? 이 점에서 최근 문제가 되는 것이 일 중독현상이다.

오로지 일, 그야말로 일요일과 휴일도 반납하고 일에 매진하며 일이 끊어지면 술 끊어진 알코올중독증 환자처럼 불안정한 상태에 빠지는 증상을 가리키는 말이다.

언뜻 보기에 '성실한 일꾼'이나 '일 귀신'으로 주위에 비치는 수가 있다. 하지만, 그 내면에는 복잡한 상대방의 심리를 감추고 있는 경우가 많다.

앞에서도 언급했듯이, 인간의 생활은 크게 나누어 일, 가정, 여가의 3가지로 구별된다. 누구나 활동에너지를 이 3가지로 각자에 맞게 균형을 취해 배분하여 안정을 얻는 법이다.

그런데 어딘가에 강한 욕구불만이 발생하면 그 균형이 깨지면서, 당연히 불만이 발생한 자리에 주입되어야 할 에너지가 다른 자리로 전위되어 간다.

　일 중독현상은 대개의 경우 가정문제로 욕구불만이 생겨서 그만큼의 에너지가 비정상적일 정도로 일에 주입되는 것이라 볼 수 있다. 가령, 부부 사이가 원만치 못하거나 아이의 비행에 골치를 썩는 등의 문제라 하겠다.
　이와 같은 잊고 싶은 불안과 직면하고 싶지 않은 불안을 무엇인가로 채움으로써 경감하려는 메커니즘이 방어기제의 하나인 '현실로의 도피'라 불리는 것인데, 일 중독현상은 그 도피가 연속되어 생활 속에 정착한 것이다.
　이러한 타입의 인간을 구분해 내려면 일에 대한 과도한 몰두도 그렇지만 그 사람이 자신의 과잉몰두를 합리화하려는 행동이 하나의 가늠자가 된다.

"난 오십이 되기 전에 정말 일다운 일을 하고 싶다."

가령, 불필요하게 독자적인 일 철학을 부하에게 들려주며 강요하고 싶어 한다. 이러한 사람은 일단 일 중독현상이 아닌가 의심해 볼 필요가 있다.

이 일 중독현상과 반대되는 것이 에너지를 지나치게 가정에 경주하는 사람도 있다. 이것도 일에서의 좌절이나 자신감의 상실과 욕구 불만에서 도피하기 위한 '현실로의 도피'라는 점에서는 동일한 심리 기구를 갖고 있다. 이것은 심리술을 이용할 것도 없이 일하는 태도를 관찰하면 뜻밖에 간단히 간파할 수 있다.

우리가 심리술에 고심하는 것은 일견 열심히 일하는 것으로 보이는 사람이 뜻밖에도 다른 본심을 갖고 있는 경우다. 당신의 회사를 둘러보면 여기서 말하는 타입의 인간을 얼마든지 찾아볼 수 있을 것이다.

자신의 무능을 감추기 위한 '바쁜 척'

하나는, 책상 위에 서류를 산더미처럼 쌓아 놓거나 때로는 머리띠를 두르는 등 자신이 항상 바쁘다는 것을 상대방에게 연출해 보이는 경우다.

언뜻 보기에, 그 사람은 정말 성실한 일꾼으로서 회사를 위해 분투하는 것처럼 보인다. 상사도 때로 그렇게 믿을 정도다. 그런데 그런 사람 가운데 아주 무능한 사람이 섞여 있는 경우가 있다.

그는 자신의 무능을 알고 있지만 그것을 상대방이 알지 못하도록 최대한 피하려고 한다. 조금이라도 알려져서 자신이 안고 있는 어두운 콤플렉스가 드러나는 것에, 공포에 가까운 감정을 갖고 있는 것이다. 그렇기 때문에 일부러 바쁜 척 유능함을 가장하는 것이다.

이러한 인간을 간파하려면 그가 바쁨을 이유로 동료에게 강요하는 일의 내용을 주목하면 된다. 대개는 어려운 일이라면 바쁘게 일하는 사람 즉, 유능한 사람이라는 등식은 간단히 붕괴되고 만다.

두 번째 타입은, 그 밑에 본질적인 나태한 마음을 감추고 있는 사람이다. 원래 일에 흥미나 관심도 없는 사람이 비난이나 처벌이 두려워 계속 위축돼 있다가 긴장이 최고조에 달해 견딜 수 없게 되면, 긴장을 해소하기 위해 칭찬을 받을 수 있을 것 같은 행동을 한다. 즉, 착실한 사원으로 변모하는 것이다.

이것은 심리학에서 말하는 '반농형성(反動形成)'이다. 그러나 게으름을 피우고 싶다는 강한 욕구에 반하여 정반대의 행동을 계속하는 것이므로, 이 상태의 스트레스가 강해져서 어떤 계기가 있으면 반동형성의 메커니즘이 깨지는 경우가 많다.

이런 사람이 일견 열심히 일하는 것처럼 보이긴 하지만, 그 열성도가 가령, 일을 하지 않는 사람을 병적으로 공격하는 등 일종의 왜곡된 형태로까지 발전하는 수가 있다.

내심의 '나태한' 마음을 간파 하려면 그런 사소한 왜곡된 점을 발견하든가, 그 사람의 반동형성의 원인으로 추측되는 것을 일시적으로 해제해 보는 등의 방법을 생각할 수 있다. 다시 말해서, 상대방이 비난이나 처벌을 두려워하지 않도록 매사에 하는 일마다 칭찬을 거듭하는 것이다.

만일, 상대방이 반동형성에 의해 열심히 일했다면, 그 순간 긴장이 풀어져서 머지않아 그는 지각을 하기 시작하는 등 '게으름'을 드러내게 될 것이다.

그밖에, 작업태도에 대한 심리술로 앞에서도 이야기한 융에 의한 분류가 있다. 상대방이 있는 곳에서 더 작업능률이 오르는 타입을 외향적 성격과, 상대방이 있으면 일이 되지 않는 타입을 내향적 성격으로 분류하는 것이다.

이에 따르면, 시끌벅적한 방에서 동료들로 둘러싸여 있으면서도 사고를 충분히 가다듬어 일을 처리해 내는 사람, 나아가 상사나 많은 부하들 앞에서도 보통 때와 다름없이 실력을 발휘할 수 있는 사람은 외향적이다. 반면 보고서 하나를 작성하는데도 무슨 구실을 붙여서든 혼자만의 환경을 만들고 싶어 하는 사람은 내향적이라는 것이다.

이 내향과 외향이라는 분류와는 다소 차이가 있지만, 언뜻 외향적으로 보이며 상사 앞에서도 아주 인상적으로 행동하는 타입이 있다.

이런 사람은 일 처리 솜씨가 뛰어나고 마무리도 깨끗하다. 주위에서 슬쩍 추켜 올려주기라도 하면 신이 나서 무리한 요구도 태연히 들어준다. 그 뿐이라면 별 문제가 되지 않지만, 이런 사람일수록 자신의 심기가 틀어지면 상대방을 헐뜯는다든지 해서 모든 것을 상대방의 탓으로 돌리는 경향이 있다.

가령, 영업부진의 원인을 토론하는 별로 재미가 없는 회의장 같은 장소에 참석하면 금방 머리가 아프다는 등, 몸이 좋지 않다는 등 불평을 하기 시작한다.

대개의 경우, 이런 사람은 히스테리컬한 성격의 소유자로 보아도 틀리지 않는다. 그들은 세계가 자신을 중심으로 돌아가지 않으면 기분 나쁜 것이다.

일하는 태도로 알 수 있는 상대방 심리 11가지

1. 책임은 두 번째 문제이고 우선 기회를 붙잡으려는 사람은 외향적이다.
2. 일을 맡기 전에 책임을 생각하는 사람은 내향적이다.
3. 일의 실패를 모두 자신의 탓으로 돌리는 사람은, 내벌적 반응형이다.
4. 실패의 책임을 모두 다른 원인으로 돌리는 사람은, 외벌적 반응형이다.
5. 일에 실패하면 노이로제 상태가 되는 사람은, 응석받이로 성장한 경우가 많다.
6. 한번 실패하면 산사태가 일어난 것처럼 능력이 급속도로 감퇴하는 사람은, 내향적 성격이다
7. 과도하게 일에 몰두하며 그것을 독자적인 일 철학으로 합리화하는 사람은, 욕구불만의 씨앗이 가정에 있는 경우가 많다.
8. 주위에 자신의 분주함을 의식적으로 연출해 보이는 사람 가운데는, 자신의 능력에 대해 콤플렉스를 갖고 있는 사람이 있다.
9. 열심히 일하면서 열심히 일하지 않는 동료를 심하게 비난하는 사람은, 마음속에 본질적인 나태심을 갖고 있는 경우가 많다.
10. 다른 사람이 있는 곳에서 일의 능률이 올라가는 사람은, 외향적이며 반대로 상대방이 있으면 일을 못하는 사람은 내향적이다.
11. 상대방의 시선을 많이 의식하는 사람은, 히스테리컬한 성격이다.

18

실수는 무심코 일어나는 것이 아니라
무의식적인 바람과 의식의 갈등이다

실수는 '무심코' 저지르는 것이 아니다

우리는 살아가면서 일어나는 여러 가지 '실수'를 상대방이 '무심코' 저지르는 것이라고 생각하는 경향이 있다. 그렇기 때문에, 일상생활에서 상대방의 실수를 간과하거나 가볍게 상대방에게 주의를 주는 정도로 지나간다.

그러나 직장에서는 이유 여하를 막론하고 실수가 용납되지 않는다. 성실치 못한 작업태도나 나태한 근무태도는 그 자리에서 도마에 오르기 마련이다.

가령, 중대한 실수라도 저지르면 승진 가능성은 물론, 좌천이나 해고 같은 최악의 사태에까지 갈 수도 있어 실수란 엄청나게 책망을 받아 마땅하다. 그러나 그 원인을 '주의 산만'이나 '열성부족' 아니면 '태만'으로만 돌리는 것은 생각이 짧은 것이다.

이와 관련하여, 나 자신에게 지금도 가슴이 아픈 경험담이 있다. 미국유학 중에 같은 대학의 한 사람에게서 저녁식사 초대를 받았을 때의 일이다.

"Come to our place for dinner?"

(저녁식사 하러 우리들 집에 와 주시겠습니까?)

그는 외국에서 온 나를 위로하기 위해 초대했던 것인데, 나는 그 말을 들은 순간 이상하다고 생각했다. 다른 동료들로부터 그가 아파트에서 혼자 살고 있다고 들었기 때문이다. 그는 내 표정에서 그런 생각을 읽었는지 바로 정정했다.

"I mean my place"

(잘못 말했군요, 나의 집입니다.)

이때까지 나는 단순한 말의 실수였을 거라고 가볍게 생각했다.

그러나 그의 아파트를 방문하고 나의 경솔함을 후회하지 않을 수 없었다. 현관, 침실, 거실, 식당, 복도 등 실내의 모든 벽에는 젊고 아름다운 여성의 사진이 걸려 있었던 것이다. 모두 갈색 눈에 금발을 한 같은 아름다운 여자였다.

내 질문에 그는 슬픈 표정을 지으며, 그 여성은 2년 전에 교통사고로 죽은 아내이며 지금도 아내를 잊지 못하고 있노라고 털어놓았다.

여기에서 나는 그의 말의 실수가 죽은 아내를 잊지 못하는 사랑에서 온 것임을 알게 되었다. 그것이 무심결에 my(나의)를 our(우리의)라고 잘못된 형태로 표출되었던 것인데, 지금 생각해도 그의 마음에 깊은 상처를 준 것 같아 애처로움이 앞선다.

내가 친하게 지내는 어느 사장한테서 비슷한 체험을 들은 적이 있다. 여비서로 하여금 거래처 사장 앞으로 편지를 쓰게 했는데, 그녀가 '무심코' 주소를 확인하지 않고 우체통에 넣고 말았다.

그가 비서의 실수를 엄하게 책망했음은 물론인데, 빈틈없던 그녀의 실수를 이상하게 생각한 그가 자세히 캐물어 보니, 수신인의 주소가 교통사고로 죽은 약혼자의 고향이었다는 것이다.

실수는 무의식적인 바람과 그것을 극복하고자 하는
의식의 갈등에서 비롯되는 경우가 많다

 물론, 말의 실수를 비롯하여 여러 실수 가운데는 '무심코' 라는 말 그대로 단순한 동기에서 저지르는 것도 있다.
 그러나, 그 원인을 깊이 파고 들어가면 멍하게 뚫린 마음의 공백에 보통 때는 표출되지 않는 상대방의 심리나 감정이 고개를 내밀고 있는 경우가 많다.
 프로이드는 실수의 원인을 본인의 무의식적인 바람과 그것을 극복하려는 의식의 갈등이라고 규정했다. 단순한 실수는 논외로 치더라도 실수 가운데 본인도 모르는 본심이 감춰져 있음은 앞의 예를 보더라도 알 수 있다.
 이 심리적 메커니즘은 풀장에 떠오르는 공과 그것을 가지고 노는 아이의 모습을 떠올리면 보다 실감나게 느낄 수 있을 것이다.
 공위에 아이가 올라타거나 그것을 깔고 앉아 밸런스를 잡고 있으면 공은 수면 아래에 가라앉아 보이지 않는다. 그러나, 어쩌다 아이의 관심이 풀장의 가장자리나 다른 아이들한테로 옮겨가면 신체의 균형이 깨져 물에 빠지면서 공이 수면 위로 떠오른다.
 이 공이 실수 속에 나타난 상대방의 심리라고 생각하면 된다. 즉 '무심코' 라는 마음의 공백 때문에 억압의 무게에서 벗어나 그 사람 본래의 바탕이 나타나는 셈이다.
 이 사소한 단서를 기초로 하여 상대방이 가지고 있는 뜻밖의 마음 속을 들여다보려는 것이 '실수에 의한 심리술' 이다.

프로이드 자신은 그의 저작 중에서 실수 속에 나타난 상대방의 심리의 예를 무수히 들고 있는데, 다음의 사례는 잘 알려진 이야기이다.

"의원 여러분, 저는 지금 출석수를 확인했습니다. 이제 '폐회'를 선언합니다."

오스트리아의 하원의장이 의회개회를 선언했을 때의 일이다. 회의장은 웃음으로 가득 찼는데, 당시 오스트리아의회는 여야 의원수가 백중지세여서 국회운영에 대단히 어려움이 예상되었다.

프로이드는 이 이야기를 듣고 '빨리 끝났으면' 하는 의장의 무의식적인 욕구가 표출된 것이라고 해석했다.

여기서 내 경험도 이야기해 보겠다.

어느 대기업에 근무하는 사람을 찾아가기 위해 전화로 길을 물었을 때의 일이다. 그는 버스로 가겠다는 나에게 어느 정류장 이름을 댔다. 나는 그의 지시대로 그 버스 정류장에서 내렸는데 회사가 보이지 않았다. 하는 수 없이 다시 전화했더니, 그는 납득이 안 간다는 투로 말을 하는 것이 아닌가.

"내가 그렇게 말했나, 거긴 우리 집 부근 정류장인데."

아닌 게 아니라, 그의 집 부근의 버스 정류장도 회사 옆 정류장도 같은 버스 노선이었지만, 나는 그의 집 부근에 대해서는 전혀 모르고 있었으므로 듣지 않은 정류장에서 내렸을 리가 없다.

나는 그의 실수를 덮어두기로 하고, 그가 회사에 대한 귀속의식이 별로 없고 빨리 집에 가고 싶다는 잠재욕구를 가지고 있었기 때문에 이런 실수가 생긴 것이 아닐까 하고 생각했다.

1년 후, 그로부터 다른 회사로 옮겼다는 말을 듣고서 나 자신의 해석이 맞았음을 느꼈다.

상대방이 말의 실수를 정정할 때 본심을 읽을 수 있는 기회

　그런데 실수란 상대방이 무심결에 범하는 것인 만큼, 이쪽도 무심결에 상대방의 실수를 깨닫지 못하는 수가 있다.
　설사 깨달았다 해도, 그 실수를 깊이 추궁하면 남이 건드리는 걸 싫어하는 본인의 본심에 흙발로 뛰어드는 꼴이 되어 상대방의 심리를 더욱 깊이 감출 우려가 있다.
　그런 점에서, 상대방이 자신의 실수를 깨닫고 스스로 정정할 때가 본심을 간파함에 있어 절호의 기회가 된다.
　"이 회사에는 과장님이 몇 분이나 되십니까?"
　"나 하나!"
　"아니…, 5명입니다."
　어느 회사에서 자신만만한 것으로 평판이 자자한 과장한테 물었을 때의 일이다. 그는 대뜸 말하고는 정정했다. 아마도 자존심 강한 성격의 그는 '나 말고 과장 값하는 사람이 없다'는 평소의 생각이 처음에 문득 입을 타고 나왔음에 틀림없다.
　이와 같이 말을 잘못 했다가 바로 고칠 때 어떤 근거 있는 실수일 경우가 많다. 가령, 라이벌 이야기가 나왔을 때 '그 녀석은 못해'라고 일단 단정했다가 '아니, 아직은 힘들 거야'라고 부드러운 표현으로 바꾸는 것도 그 일종이다.

진심을 말해 버렸다가도 정신이 들면 누구나 자신의 지나친 언사를 깨닫는다. 거기에서 자신의 잘못을 정정하게 되는데, 분명히 최초의 표현에 진짜 감정이 있었음을 알 수 있다.

잘못 듣기, 잘못 읽기, 잘못 쓰기
잊어버리기 등을 통해 진심을 읽는다

이제까지 간단히 언급했지만, 말의 실수에 국한하지 않고 잘못 듣기, 잘못 읽기, 잘못 쓰기 등을 통해서도 마찬가지로 상대방의 본심을 읽을 수 있다.

사업상 라이벌이 '폐렴'으로 입원했다는 말을 '폐암'으로 잘못 알아듣고, 회사 내에 소문을 떠벌리고 다니다가 나중에 동료들한테 따돌림을 당한 남자가 있었다. 이것은 라이벌을 제거하고 싶은 욕구가 지나치게 강렬하여 잘못 듣기를 범한 경우라 하겠다.

잘못 쓰기에 대해서는 유명한 이야기가 있다.

미국 정신분석학의 아버지로 일컬어지는 브릴 앞으로, 신경증 환자가 자신의 사업인 장사와 병이 관계가 있다고 생각하여 편지를 보내 온 이야기다. 그 편지에 다음과 같은 문장이 있었다.

"My trouble is all due to that damned frigid wife! There isn't even any seed."

(내 병은 저 지긋지긋한 불감증 마누라 탓입니다. 전혀 장사의 싹수가 보이질 않습니다.)

원래는 frigid wave(불경기의 파도)라고 써야 할 것을 frigid wife(불감증의 아내)라고 잘못 썼던 것이다. 이를 통해 브릴은, 그의 병의 원인이 아내가 불감증이어서 섹스의 기회가 없는데 따른 것이라고 해석했는데, 사실 그의 아내는 불감증이었다 한다.

잘못 읽기로 말하면, 프로이드 자신도 제1차 세계대전에 두 아들을 전선에 내보내고 있을 때, 잡지의 글 'Die Feinden vor Gorz(괴르츠 앞의 적)'을 'Der Friede von Gorz(괴르츠의 평화)'로 잘못 읽은 경험이 있다.

프로이드는 마음속으로 평화를 원하고 있었기 때문에 독일어에서 철자가 비슷한 '적'을 '평화'로 잘못 읽었던 것이다.

나아가 실수는 언어에 있어서 뿐만 아니라 행동으로도 확대된다. 이와 관련해서 흥미 있는 이야기가 있다.

강남에 사는 사람이 휴일을 편안히 집에서 즐기고 싶었으나, 강북에 가야 할 일이 생겼다. 가고 싶지 않았으나 할 수 없이 전철을 타고 강북으로 가다 중간 역에서 신문을 읽으며 전철을 갈아탔다. 그런데 전철이 출발하고 나서 이상한 느낌이 들었다. 주위의 손님에게 물어 보았더니 강남으로 돌아가는 전철이라지 않는가?

강남에 남아 있고 싶다는 잠재적 바람이 그의 행동을 억압하여 실수를 범하게 했음이 틀림없다.

망각과 관련해서는 나 자신의 실패담을 이야기해 보겠다.

내가 강사로 가기로 예정되어 있던 강연회를 새까맣게 까먹었던 것이다. 주최자가 불같이 화를 내며 길길이 뛰고 있는 줄도 모르고 나는 집에서 태평하게 낮잠을 자고 있었다.

여기에는 이유가 있었다. 강연회 날은 수요일이었고, 그 주엔 오랜만에 수요일부터 4일 동안 연휴에서 휴가계획을 이리저리 궁리하고 있었다. 그러다가 계획을 일단 세운 다음에 강연의뢰가 들어왔던 것인데, 편안한 마음으로 수락하긴 했지만 결국 완전히 잊어버리고 말았던 것이다.

나 자신의 본심을 분석해 보면, 휴가를 즐기고 싶은 잠재적 욕구가 별로 내키지 않은 강연을 잊도록 했다고 볼 수밖에 없다.

실수로 알 수 있는 상대방 심리 3가지

1. 잘못 말하기, 잘못 듣기, 잘못 읽기의 내용은, 그 사람의 은밀한 바람을 나타낸다.
2. 잘못 말했다가 고쳐 말했을 때, 처음의 한 말에 진심이 있는 경우가 많다.
3. 망각은 그 사람이 망각한 내용에 대해, 마음이 내키지 않았음을 나타낸다.

19

게임은 인생의 축소판이다

게임은 상대방의 '심리 실험장'이다

"게임은 인생의 축소판."

이 말은 생각지도 않게 일이 쉽게 풀리는가 싶으면 아무리 노력해도 하는 일마다 꼬이는 수도 있다.

절대 절명의 위기에 몰린 다음에 기사회생의 기회가 찾아오기도 한다. 산이 있는가 하면 골짜기가 있고, 떠오르는가 싶다가는 가라앉는 게임의 묘미는 희로애락으로 점철된 우리 인생을 그대로 반영한다.

게임이 심리학적으로 재미있는 것은, 이와 같이 인생에서 몇 달, 몇 년이라는 단위로 찾아오는 흥망성쇠와 희로애락의 파도를 앉은 자리에서 짧은 시간 내에 체험할 수 있다는 것이다.

흔히 행운의 여신이 미소 짓는 '절정의 시대'가 몇 분 만에 지나고 진퇴양난의 '진흙밭 같은 시대'가 찾아오는 일이 드물지 않다.

게임은 허구의 세계이긴 하지만, 이렇듯 극단적으로 밝음과 어둠, 괴로움과 즐거움이라는 심리적 동요가 심하게 걸리는 기회도 그리 많지 않을 것이다. 그리고 이 '허구'의 장이라는 마음의 안심이 반대로 사람을 무방비상태로 만들어 본성을 드러내게 한다는 일면도 무시할 수 없다.

이런 뜻에서, 게임은 상대방의 심리가 남김없이 반영되는 일종의 '실험장'이라고도 할 수 있는 것이다. 이런 경향은 게임이 백중지세

여서 푹 빠지게 될수록 강해진다.

  심리학에서는 이와 같은 상태를 '자아관여(自我關與: 에고 인발브먼트)'의 정도가 강하다고 한다. 즉, 스스로가 그 일에 깊이 빠질수록 그 일에 사로잡혀 객관적이고 냉철한 판단을 내리지 못하게 된다는 것이다.

  자신을 잊고 열중할 때 평소에는 나타나지 않던 여러 원시적인 반응과 감춰져 있던 욕구 따위가 노출된다는 것이다.

위기에 몰렸을 때 5가지 인간형

게임에서 이와 같은 상대방의 심리가 가장 나타나기 쉬운 것은 그 사람이 불리한 상황에 빠졌을 때다.

게임에서 위기상황은 늘 있는 것이고 보면 게임이 생각대로 진전되지 않는다거나, 기다리는 패가 나오지 않는다거나 해서 욕구불만의 상태에 빠지는 일이 한두 번은 반드시 있게 마련이다.

이때에 대표적인 반응을 여기서는 5가지를 들어보겠다.

① 게임 중간에 갑자기 말이 없어지면서 노골적으로 불쾌감을 드러내는 등, 게임에 반드시 필요한 포커페이스를 만들지 못하는 사람이 있다. 이런 위기상황에서의 정신적 중압감을 견디지 못하고 점점 사태에 유동적으로 대처해 나가지 못하게 된다. 이런 사람은 심리학에서 욕구불만의 내성(耐性)이 없는 사람으로 실생활에서도 끈기가 부족하고 역경에 약한 경향이 있다.

② 최초의 승부에서 한번 지면, 그날 하루 종일 전혀 실력을 발휘하지 못하게 되거나 바둑에서 한쪽 귀퉁이가 무너지면 당장 전체에 그 패배무드가 파급되어 완패를 맛보는 사람이 있다. 이런 스타일은 명백히 '지능퇴행'을 나타내며 암시에 약하고 상처받기 쉬운 미숙한 성격을 드러낸다.

지능테스트 실험에서 처음에 극단적으로 나쁜 평가를 받으면 그 다음 테스트가 전혀 불가능한 예가 있는데, 이와 전적으로 같은 현상이다. 이런 사람은 평소생활에서도 이와 같은 지능퇴행을 일으키기 쉬운 타입이다.

③ 불리한 상황에서는 물론이고 뜻밖에 좋은 기회가 찾아왔을 때에도, 자기 페이스에 몰두하는 스타일이다. 이런 스타일은 자기 페이스에 모두하다 보면 나머지 그때까지 주고받던 가벼운 잡담이나 농담 등 상대방과의 응답이 건성이 되면서 자신은 말을 하노라고 하는데, 그것이 상대방과 전혀 무관한 공허한 혼잣말 비슷한 것으로 끝나는 사람이 종종 있다.

이런 타입은 소위 시야협착의 경향이 있으며, 동시에 2가지의 일을 하는데 서툰 타입이라 하겠다. 여성에게서 종종 보이는 타입이다.

④ 이와 정반대로, 게임에 늘 있게 마련인 상대방의 가벼운 농담이나 험담을 가볍게 흘려듣지 못하고 진지하게 받아들여 핏대를 올리거나 생각을 산만하게 하는 잡음에 약한 타입을, ②타입과 마찬가지로 피암시성이 강함과 아울러 집중력이 부족하다고 할 수 있다

⑤ 질 때마다 '한번 더'를 연발하거나, 게임도중에 '왔어'를 외치거나, 그 자리에서 꾼 판돈을 없던 것으로 해 달라고 하는 사람도 종종 볼 수 있다.

승부게임에서 있을 수 없는 행동이지만, 교활하고 뻔뻔스럽다기보다는, 유아시절의 '응석'에서 비롯된 정신구조에서 아직 벗어나지 못했다고 볼 수 있다.

승부를 실력으로 보는가, 운으로 보는가?

게임에서 상대방의 심리를 간파하는 또 하나의 착안점은, 게임의 근간인 승패에 대한 태도의 차이다.

이 태도는 크게 4가지 타입으로 나눌 수 있다.
①번 타입은 자신의 승리를 운으로, 패배를 실력으로 돌리는 사람이다.

이와 같은 사람은 대개 소심한 성격을 갖고 있다. 일견 겸허한 태도로 보이지만, 다음에 졌을 때 자신의 부족함을 인정할 수밖에 없으므로 그것을 미리 피하기 위함이라고도 생각할 수 있다.

또한, 졌을 경우 자신의 실력부족 탓으로 돌리는 것도 일견 겸손한 태도지만, 다음에 이겼을 때 자신의 기량을 남들이 인정하지 않을 수 없게 되리라는 것을 예상한 것일지도 모른다.

어느 경우이든 이런 타입은 소심하지만 자존심이 강한 사람이다. 사람은 누구나 자신의 뛰어난 점을 남 앞에서 자랑하고 싶어 하는 법이다. 그러나 이런 타입은 신경이 예민하여 남이 어떻게 생각하는가를 지나치게 신경을 쓰는 나머지 자신의 자랑을 못하고 승패에 대해 이와 같은 태도를 취하는 것이다.

②번 타입은 이와 반대로, 자신의 승리를 실력 탓, 패배를 운으로 돌리는 사람이다.

이런 타입은 히스테리컬한 성격이며 허영심 즉, 자신을 실제 이상으로 부각시키고자 하는 경향이 강하다. 그리고 승부 도중에 멋대로 휴식을 선언하는 등 자기중심적이다.

다만 이런 사람은 앞에서 말한 피암시성이 강한 부류에 속한다. 그리하여 게임도중에 작은 실수라도 하여 누가 '자네는 오늘 잘 안 되는 날이로군', '요즘 솜씨가 많이 줄었어' 하고 말하면 완전히 자신을 잃고 점점 패배를 거듭하는 경우가 많다. 이것은 자신 만만한 만큼 상대방의 핀잔을 들으면 발끈하여 냉정한 판단력을 잃기 때문이기도 하다

③번 타입은 졌을 경우, 그것을 상대방의 탓이라고 보는 사람이다.

이런 타입은 편집적인 경향이 있는 사람으로 자신감이 넘치고 자아도 강한 사람이다. 일상생활이나 일에서도 생각대로 되지 않을 때, 자신의 능력이 미치지 못했다고는 생각하지 않는다. 항상 '상대방이 방해했기 때문' 이라고 생각하는 경향이 있다.

상대방보다 늦었을 때도 자신의 실력이나 운이 상대방에게 미치지 못했다고 생각하는 것은 스스로의 자존심이 용납하지 않는다. 그래서 '저 녀석한테 당했다' 거나 '저 녀석은 매너가 지저분하다' 는 식으로 제멋대로 이유를 붙여 상대방의 탓으로 돌린다. 그런 만큼 일단 이겼을 때는 '누구누구한테 이겼다' 는 것을 항시 기억하며 자랑하고 싶어 하는 경향이 있다.

④번 타입은 이밖에, 앞에서 말한 어디에도 속하지 않는 타입이 있다.

그것은 승패에 전혀 개의치 않는 사람이다. 이기건 지건 담담한 사람 가운데는 혹 정말로 통이 큰 사람도 있겠지만, 대개는 자신이 승부에 집착함으로써 상처를 입는 것이 싫어서 미리 무관심을 가장하는

경우가 많다.

　이런 타입은 내심의 소심함을 현실로부터 한 걸음 물러남으로써 감추려고 하는 자기방어적인 사람이라고 할 수 있다.

　또한, 장기나 바둑 같은 반상의 게임에서나 말할 수 있는 것인데 즉, 국지전에 지나치게 얽매이는 사람은 편집적인 성격이 있다. 이런 사람은 부분에 얽매여 대국을 보지 못할 우려가 있다.

　일반적으로 말할 수 있는 것은, 인생의 축소인 게임에 정말로 강한 사람은 부침(浮沈)에 강한 사람, 역경에 강한 사람, 심리적 위압에 강한 사람이면서 사회생활의 경쟁에서도 강한 사람이라고 할 수 있을 것이다.

게임으로 알 수 있는 상대방 심리 10가지

1. 게임도중에 불쾌한 기색을 노골적으로 드러내는 사람은, 욕구불만에 대한 내성에 약하며 따라서 역경을 극복하기가 어렵다.
2. 한번 패하면 계속 연패하는 타입은 지적퇴행에 빠지기 쉽다.
3. 게임이 한창 진행 중에 상대방의 말이 귀에 들어오지 않는 사람은, 시야협착의 경향이 있다.
4. 게임을 할 때 상대방의 말에 구애받는 사람은, 피암시성이 강하다.
5. '한 번 더' 나 '왔어'를 연발하는 사람은, 유아적인 응석의 정신구조가 남아있다
6. 자신의 패배를 실력의 탓으로 돌리는 사람은, 일견 겸허하지만 자존심이 강하다
7. 자신의 패배를 운의 탓으로 돌리는 사람은, 히스테리컬한 성격에 허영심도 강하다.
8. 자신의 패배를 남의 탓으로 돌리는 사람은, 자신만만하며 자아가 강하다.
9. 승패에 무관심을 가장하는 사람은, 자신이 상처를 입는 것을 싫어하는 자기방어형 인간이다.
10. 바둑이나 장기에서 국지전에 얽매이는 사람은, 대국을 보는 것이 약하다.

20

얼굴이 보이지 않아도 나타나는 심리

얼굴이 보이지 않기 때문에 드러나는 뜻밖의 '참 얼굴'

상대방을 은밀히 관찰하고 대화하고 사귀어 보는 그런 직접적인 접촉에 의한 심리술 가운데 한 가지 특이한 성격을 가진 것은, 편지나 전화라는 전달수단을 이용하여 상대방을 간파하는 방법이다.

편지나 전화가 다른 착안점과 결정적으로 다른 것은, 바로 상대방과 직접적인 접촉을 갖지 않는 커뮤니케이션의 방법이라는 점이다.

즉, 상대방의 얼굴을 직접 보면서 행하는 커뮤니케이션과는 달리, 상대방의 얼굴에 나타나는 그때그때의 반응을 살필 수 없다. 아울러 전달자의 표정이나 시선도 보이지 않는다.

그렇기 때문에, 진필자는 자신의 생각대로 진필하는 수밖에 없으며, 또 하고 싶은 말을 쉽게 할 수 있는 상황에 있다.

그리하여 그 사람의 본심이 표출되는 것은 오히려 당연하다고 하겠다. 전화에도 어느 정도는 그런 경향이 있지만 특히, 편지에는 전달방법을 숙고하여 깊이 계산한 결과가 나와 있다.

생각하기에 따라서는, 자신의 본심을 감추기 위한 위장이 이로 인해 더 쉽지 않겠는가 하는 우려도 있다. 그러나 이와 같은 의도적인 조작이야말로 오히려 상대방의 심리를 더 깊이 들여다 볼 수 있는 절호의 재료가 된다고 할 수 있다.

게다가 편지에는 필적과 문장이라는 움직일 수 없는 증거가 남는다. 순간적으로 나타났다가 사라지는 표정이나 말투와는 달리, 면밀히 관찰과 분석할 수 있는 점도 유리한 점이다.

이러한 장점을 살려 직접 얼굴을 볼 때 알 수 없었던 상대방의 '참얼굴'을 보는 방법을 다음에 살펴보기로 하겠다.

우선, 필적은 필압(筆壓: 펜에 걸리는 힘), 글씨의 크기, 글씨의 형태 등 3가지 포인트에 착안한다. 필적을 통해서 성격을 알아내는 방법을 5가지 타입으로 나누어 설명해 보겠다.

필적 타입에 의한 성격 판별법

타입 ①

필적의 특징: 글씨의 크기가 공간의 크기와 무관하여 쓸 때마다 다르다.

둥글둥글한 곡선형이지만 경우에 따라 직선적인 글씨가 되기도 한다. 자기 나름의 버릇이 있는 형일 경우와 규칙적인 형일 경우가 있으며 크기, 형태, 각도, 필압이 모두 불안정하여 글씨의 편차가 현저한 것이 특징이다.

성격 허영심이 강하고 허세도 대단하며, 항상 자신이 화제의 중심에 놓이길 원하는 타입이다. 그렇기 때문에, 말에 허풍이 많고 상대방의 처지를 이해할 줄 모르며 동정심이나 협조성도 부족하다.

자기중심적이기 때문에 아첨에 약하고 암시에 걸리기가 쉽다. 히스테리컬한 성격인 사람에게서 많이 보이는 타입이다.

타입 ②

필적의 특징: 일반적으로 글자가 크고 필압이 약하다.

글자 모양은 곡선적이고 자기 나름의 버릇이 있으며 흘림체가 되기 쉽다. 오른쪽 상단이 올라가는 경향이 있지만 때로 오른쪽 상단이 내려가는 글자도 섞인다. 글자 모양도 약간 단정치 못한 편이다.

성격 사교성이 풍부하며 친절한 타입. 기질은 조울질 경향이 강하다.

타입 ③

필적의 특징: 각이 지고 직선적인 작은 글자로 자기 나름의 버릇이 있다.

특히, 위축되거나 일그러진 형이 많다. 한 글자 한 글자 독립된 필체가 많으며 흘림체는 적다. 필압은 강하다. 글자의 각도는 불안정하나 일정한 편이다.

성격 소심하며 매사에 자신이 없다. 결단력이 부족하며 상대방의 말이나 태도에 지나치게 신경을 쓴다. 한마디로 말해서, 신경질적인 성격이다.

타입 ④

필적의 특징: 각이 진 직선적인 글자형이며 자획의 각이 예각적이고 필압이 강하다.

한 글자 한 글자 독립되어 있지만 글자와 글자의 크기나 간격이 가지런하다. 자기 나름의 버릇이 있는 형이지만 필적이 일정하다. 크기는 다양하지만 일반적으로 약간 작은 편.

성격 비사교적이고 이성적이며 성실하지만 따스한 인간미가 별로 없다. 자신과 관련된 일에 민감하여 부끄럼을 많이 타는 편이지만, 상대방에 대해서는 둔감하며 무관심하다. 기질은 분열질 경향이 있다.

타입 ⑤

필적의 특징: 각이 진 직선적인 형의 글자지만 타입 ④와 달리 규칙적이고 평범한 형으로 자기 나름의 버릇이 없다.

한 글자 한 글자 독립된 필적으로 공들인 필체다. 언제 써도 같은 형이며 필압은 극히 강하다.

성격 매사를 깊이 생각하는 타입. 꼼꼼한 성격이어서 일도 성실히 처리하지만 속도가 늦다. 의지가 강하며 매사에 몰두한다. 말이 서툴며 유머감각이 없다. 때로 흥분을 보이며 격한 행동을 취하기도 한다. 기질은 전갈질 경향이 있다.

산문형 문장은 객관적 사고의 타입을 드러낸다

편지를 통해서 상대방의 심리를 간파하는 데는, 위와 같은 필적 특징을 통한 성격파악과 아울러 문장의 내용을 분석하는 것도 효과적이다.

가령, 면회를 신청하는 편지내용이 당신에 대한 찬사로 가득 차 있다 해도 타입 ①인 사람이라면, 뭔가 방자한 부탁을 해오지 않을까하고 미리 예측할 수 있는 것이다.

그리고 문장의 표현방식 자체로부터, 그 사람이 객관적 사고패턴을 가진 사람인가 주관적 사고패턴을 가진 사람인가를 구분하는 방법이 있다. 이것은 프랑스의 심리학자 비네가 두 소녀의 문장 차이를 연구한 끝에 발견한 유형이다.

객관적 타입인 문장은 자신이 관찰한 내용을 상세하고 정확하게 기록하지만 자신의 느낌은 별로 쓰지 않는다. 산문적이며 학자적인 문장이다. 내용은 공간 확대감이 있으며 회화적이다.

주관적 타입에서는 관찰한 내용보다 그에 대해 자신이 느낀 바를 주로 쓴다. 미려한 문장이 많으며 내용은 시간관념이 확실하여 음악적이다.

이와 같이 문장을 통해 사고패턴을 알고 난 후, 필적을 통해서 파악한 성격이나 기질과 대조해 보면 문장 뒤에 가려진 상대방의 심리가 보다 명확히 떠오를 것이다.

전화광은 조울질이다

전화의 경우. 편지와 달리 음성만은 직접적인 반응을 얻을 수 있으므로 같은 간접적인 커뮤니케이션이라도 편지를 통한 상대방의 심리와 다른 특징이 있다.

가령, 전화를 걸 때 '나야', '난데, 모르겠어?' 하는 사람은 히스테리컬한 경향이 강한 사람일 경우가 많다 상대방의 처지를 고려하지 않고 오랫동안 전화기를 붙들고 있는 사람도 이런 타입이다.

그밖에, 별로 볼일도 없으면서 여기저기 전화를 거는 사람은 조울질 경향이 강한 사람이 '조급함' 상태에 있다고 생각하면 틀림없다. 빈번히 전화를 거는 것은, 조상태에서 유쾌한 기분이 되면 자신의 존재를 보다 큰 것으로 여기게 되기 때문이다.

전화를 걸거나 받는 것을 싫어하는 타입은 분열질 경향이 많은 사람이며, 가정주부가 멀리 있는 친척이나 친구에게 자주 전화를 걸면 그것은 외출하지 못하는 것에서 오는 욕구불만을 보상하려는 의지의 표출로 볼 수 있다.

이상과 같이, 전화는 상대방이 처한 상황 여하에 관계없이 걸었다 하면 언제나 걸 수 있는 편리함과, 얼굴이 보이지 않는다는 결점 덕택에 상대방의 심리를 읽는데 있어 좋은 재료가 되는 것이다.

편지와 전화로 알 수 있는 상대방 심리 11가지

1. 크게 곡선적인 글자를 쓰는 사람은, 사교적이며 조울질 경향이 강하다.
2. 예각적이며 편차가 큰 글자를 쓰는 사람은, 이성적이지만 인간적인 따스함이 부족한 분열질 경향이 있다.
3. 직선적이며 규칙적인 글자를 쓰는 사람은, 꼼꼼하지만 유머감각이 없는 전갈질이다.
4. 각이 진 작은 글자를 쓰는 사람은, 소심하며 상대방의 이목을 지나치게 의식하는 신경질적인 성격의 소유자다.
5. 글자의 크기, 모양, 각도가 모두 일정치 못한 사람은, 허영심이 강한 히스테리형 성격을 갖고 있다.
6. 산문형 문장은 객관적 사고패턴을 나타낸다.
7. 미려체 문장은 주관적 사고패턴을 나타낸다.
8. 상대방의 형편을 고려치 않고 오랫동안 전화기를 붙들고 있는 사람은, 히스테리컬한 경향이 강하다.
9. 별로 중요한 용건도 없으면서 여기저기 전화를 거는 사람은, '조급함' 상태에 있는 조울질 인간이다.
10. 전화를 기피하는 사람은 분열질에 가깝다.
11. 주부가 오랫동안 전화를 거는 것은, 외출을 못하는 것에서 비롯된 욕구불만의 표출인 경우가 많다.